UN252449

医療から逃げない！

ケアマネジャーのための医療連携Q&A 応用

著 高岡 里佳

公益財団法人東京都福祉保健財団

はじめに

医師や歯科医師との連携だけでも大変なのに、
薬剤師や栄養士…医療職との連携は本当に大変！
医療・介護連携が大事なのはわかるけど…
ケアマネの仕事って一体何だろう…
やっぱり医師と話すのは苦手なんだよなぁ…

ケアマネジャーの皆さん、
ケアマネジメントを楽しめていますか？

そして、あなたは
「医療から逃げないケアマネジャー」
になりましたか？

「医療から逃げない！ケアマネジャーのための医療連携Q＆A入門」を書いたのは、ちょうど３年前でした。私が在宅ケアマネジャーとして学んだ医療連携の基本を、１冊の本にまとめ出版しました。現役ケアマネジャーの皆さんに「勇気を出して医療連携と向き合ってほしい！」そんな気持ちで書いたことを、昨日のことのように覚えています。

あれから３年。いま私は、在宅療養連携支援センターのセンター長をしています。本編にも書きましたが、医療や介護関係者の連携を支援する相談窓口で、多くのケアマネジャーから、医療・介護連携に関する相談を受けています。

相談を通じて感じることは、ケアマネジャーの**医療・介護連携は残念ながら進んでいない**ということです。

「連携の基本となる挨拶さえできていないケアマネジャー」、「サービス事業者に対する誠実さが欠如したケアマネジャー」、「利用者や家族の心構えを支える覚悟が持てないケアマネジャー」など「残念なエピソード」の数々を、医師や看護師や医療ソーシャルワーカーからも聞かされています。もちろん、誠実に頑張っているケアマネジャーはたくさんいます。しかし、頑張っているケアマネジャーの存在をかき消してしまうくらい、まだまだ医療・介護連携の**基本**ができていないケアマネジャーがいることに、**危機感**を覚えずにはいられません。

前回は、「ケアマネジャーの医療に対する苦手意識を払拭してほしい」、そんな思いで入門編を書きました。今回の応用編は、**「ケアマネジャーは医療と連携する覚悟をせよ！」**という決意を込めて書きました。

これからの時代、医療連携を必要としない要介護高齢者はいません。病院には長く入院できない制度となり、医療的なケアが必要な状態で在宅に戻る高齢者があふれてくるのです。もう**「医療との連携が苦手」と言っている場合ではない**のです。ケアマネジャーが覚悟できなければ、人生の最期を支えきるチームづくりはできません。支えきる覚悟を持ったチームをつくることが、ケアマネジャーの使命なのですから。

ケアマネジャーの業務を始めたばかりの皆さんにも、現役で頑張っているベテランケアマネジャーの皆さんにも、あらためて医療と向き合う覚悟を持ってほしい、そんな思いを込めて書きました。この本が皆さんのケアマネジメント業務のお役に立てたら幸いです。

高岡　里佳

本書の特徴

本書は、ケアマネジャーが「医療連携」の場面で関わる医師、看護師、医療ソーシャルワーカー（以下、本書では「MSW」といいます）などの医療職に取材をして得られた多数の情報をもとにしています。

特徴 その1

医療連携を進める上で、特に遭遇することの多い場面を選び、ケアマネジャーに知ってほしい知識や対応方法などについて、**Q＆A形式**でわかりやすく紹介しています。

特徴 その2

アンサー部分は、医療職との連携を円滑に図るための対応方法を考えるプロセスに応じて、

- ステップ1 **自分の行動を振り返って考えてみよう（なげかけ）**
- ステップ2 **医療連携の理解を深めよう（解説・提案・考え方など）**
- ステップ3 **連携のポイントを押さえよう（より良い対応・効果など）**

の3段階を基本とした構成（次ページ参照）となっています。

特徴 その3

コラムや参考情報を掲載し、実践的でよりわかりやすい内容となっています。

本書には、ケアマネジャーの皆さんが医療連携をスムーズに進めるための情報やヒントが多数含まれています。

ぜひ、日々のケアマネジメント業務に活かせる知識としてご活用ください。

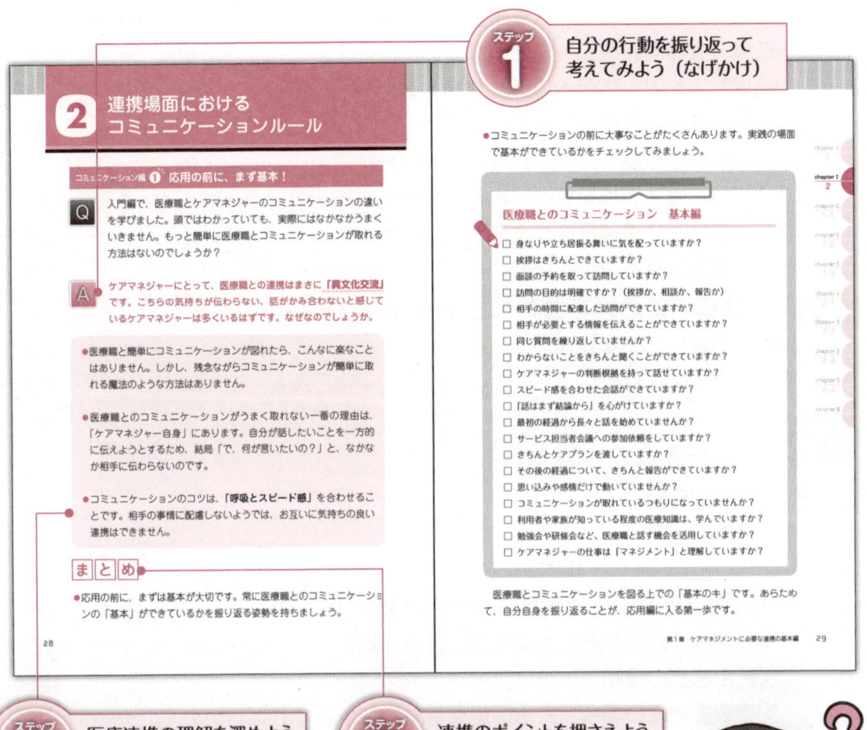

2 連携場面におけるコミュニケーションルール

コミュニケーション編 ❶ 応用の前に、まず基本！

Q 入門編で、医療職とケアマネジャーのコミュニケーションの違いを学びました。頭ではわかっていても、実際にはなかなかうまくいきません。もっと簡単に医療職とコミュニケーションが取れる方法はないのでしょうか？

A ケアマネジャーにとって、医療職との連携はまさに「異文化交流」です。こちらの気持ちが伝わらない、話がかみ合わないと感じているケアマネジャーは多くいるはずです。なぜなのでしょうか。

●医療職と簡単にコミュニケーションが図れたら、こんなに楽なことはありません。しかし、残念ながらコミュニケーションが簡単に取れる魔法のような方法はありません。

●医療職とのコミュニケーションがうまく取れない一番の理由は、「ケアマネジャー自身」にあります。自分が話したいことを一方的に伝えようとするため、結局「で、何が言いたいの？」と、なかなか相手に伝わらないのです。

●コミュニケーションのコツは、**「呼吸とスピード感」**を合わせることです。相手の事情に配慮しないようでは、お互いに気持ちの良い連携はできません。

まとめ

●応用の前に、まずは基本が大切です。常に医療職とのコミュニケーションの「基本」ができているかを振り返る姿勢を持ちましょう。

28

●コミュニケーションの前に大事なことがたくさんあります。実践の場面で基本ができているかをチェックしてみましょう。

医療職とのコミュニケーション　基本編

- □ 身なりや立ち居振る舞いに気を配っていますか？
- □ 挨拶はきちんとできていますか？
- □ 面談の予約を取って訪問していますか？
- □ 訪問の目的は明確ですか？（挨拶か、相談か、報告か）
- □ 相手の時間に配慮した訪問ができていますか？
- □ 相手が必要とする情報を伝えることができていますか？
- □ 同じ質問を繰り返していませんか？
- □ わからないことをきちんと聞くことができていますか？
- □ ケアマネジャーの判断根拠を持って話せていますか？
- □ スピード感を合わせた会話ができていますか？
- □「話はまず結論から」を心がけていますか？
- □ 最初の経過から長々と話を始めていませんか？
- □ サービス担当者会議への参加依頼をしていますか？
- □ きちんとケアプランを渡していますか？
- □ その後の経過について、きちんと報告ができていますか？
- □ 思い込みや感情だけで動いていませんか？
- □ コミュニケーションが取れているつもりになっていませんか？
- □ 利用者や家族が知っている程度の医療知識は、学んでいますか？
- □ 勉強会や研修会など、医療職と話す機会を活用していますか？
- □ ケアマネジャーの仕事は「マネジメント」と理解していますか？

医療職とコミュニケーションを図る上での「基本のキ」です。あらためて、自分自身を振り返ることが、応用編に入る第一歩です。

第1章 ケアマネジメントに必要な連携の基本編　29

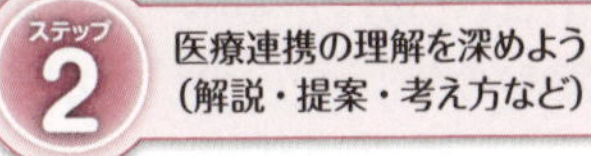

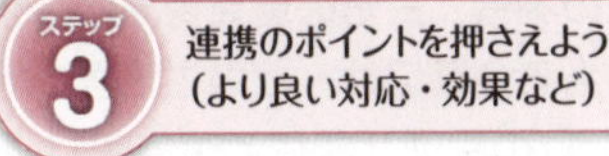

contents

コラム

ケアマネジメントに必要な連携の基本編

1 医療連携の基本

2 連携場面における
コミュニケーションルール

1 医療連携の基本

基本編 1 医療・介護連携のニーズを理解する

Q 医療と介護の連携を、これまで以上に国が推進しています。どのような考え方に基づいているのでしょうか？

A **医療と介護の連携は、今までも国の重点施策として位置付けられてきました。しかし、残念ながらまだまだ医療・介護連携が出来ているとは言い難い状況です。医療及び介護の総合的な確保の意義について考えてみましょう。**

- 日本の超高齢社会は、**「人類史上初の事態」**（慶応義塾大学名誉教授田中滋氏）とも言われています。人間は、90歳、100歳まで生きることができる時代になったのです。2025年には、いわゆる「団塊の世代」が全員75歳となり、さらに本格的な超高齢社会を迎えます。世界中で誰も経験したことのない超高齢社会が、現実に日本で起こっています。

- 今や、100歳以上の人は全国で65,000人を超えました。（2016年9月1日現在厚生労働省調べ）また、2060年には、平均寿命は、男性は84歳、女性は90歳を超え、総人口の４人に１人が75歳になると予測されています。（平成28年度高齢社会白書概要版より）

- 超高齢社会の進展は、医学が進歩しても防ぐことはできません。**「老い」**を医学で治すことはできないからです。残念ながら、不老不死の薬はないのです。

- だからこそ、これまでの**「治す医療」**から**「治し支える医療」**へと医療ニーズが変わってきています。病気と上手につきあいながら、

QOL（Quality of Life　生活の質）の維持・向上を図り、その結果、自分らしい**QOD**（Quality of Death　死の質）を高めることが求められています。

- また、介護ニーズと医療ニーズを併せ持つ重度の要介護者や認知症高齢者が増えていく中、医療と介護の連携の必要性はこれまで以上に高まっています。特に認知症は、医療だけでなく、認知症の状態に応じた適切なケアが提供される体制づくりが必要です。

まとめ

- こうした状況にあるからこそ、病気や障害によって医療や介護が必要となっても、国民一人一人が自分らしく人生を過ごし、最期まで住み慣れた地域で暮らし続けていける体制づくりが求められています。

- その実現のためには、医療保険制度も介護保険制度も、給付と負担のバランスを図りながら、持続可能性を確保していくことが重要です。

- 常に**利用者の視点**に立って、**切れ目のない医療及び介護の提供体制を持続的に実現**していくことが、医療及び介護の総合的な確保の意義だと考えられているのです。

基本編 ❷ 医療・介護同時改正ってどうなるの？

Q 平成30年度は、診療報酬・介護報酬改定が予定されていますが、どのような内容なのでしょうか？ケアマネジャーとして知っておくべき内容はあるのでしょうか？

A **ケアマネジャーの歴史は、介護保険制度改正と共にありますが、平成30年度の医療・介護同時改正は、これまで以上に重要な改正になります。2025年に向けて、制度改正の全体像をつかんでおきましょう。**

- 平成30年度の診療報酬・介護報酬同時改定は、６年に１度の同時改定であるとともに、第７次医療計画、第７期介護保険事業（支援）計画が実施されます。また、医療介護総合確保方針、医療計画、医療保険制度改革など、医療と介護に関わる関連制度の一体改革も同時に行われます。2025年に向けた医療及び介護サービスの提供体制の確保を考える上で、**重要な節目**になるといえるでしょう。

- 今回の改定では、これまでの日本の社会保障制度を2025年モデルに再構築することが課題と言われています。
特に介護保険制度では、2025年に向けて、**「地域包括ケアシステムの深化・推進」**、**「介護保険制度の持続可能性の確保」**を目指していく取り組みが検討されています。

- 「地域包括ケアシステムの深化・推進」では、
①自立支援や重度化防止に向けた取り組みの推進
②医療・介護の連携の推進等
③地域包括ケアシステムの深化・推進のための基盤整備等
が検討されています。
また、「介護保険制度の持続可能性の確保」では、利用者負担のあり方や給付のあり方、費用負担についての議論が進められています。

- 診療報酬改定においては、地域包括ケアシステムの構築の推進や、医療と介護の連携に関する検討が行われています。暮らしを支える様々な医療や介護、リハビリテーションのあり方が問われているといえます。

まとめ

- 診療報酬と介護報酬の同時改定では、医療と介護が別々に議論されるのではなく、国民の暮らしを支えるために必要な項目が**一体的に検討**されていることを理解しておきましょう。

- ケアマネジャーには、より広い視点でのケアマネジメントが求められています。介護保険制度だけでなく、診療報酬や障害者施策など、**他の制度の動向にも着目**しておきましょう。幅広い情報を得てケアマネジメントの実践に活かしていくことが大切です。

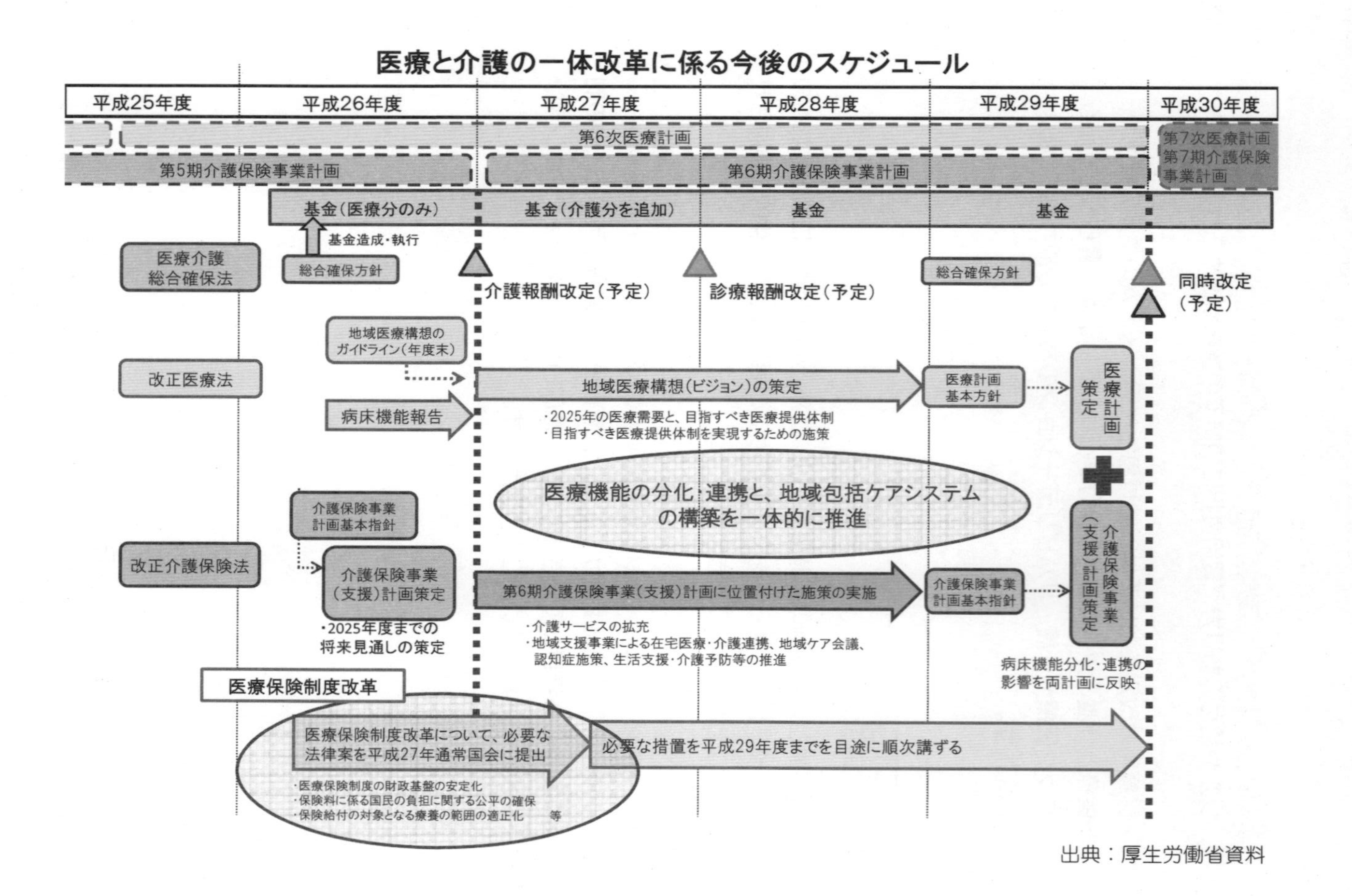
医療と介護の一体改革に係る今後のスケジュール
平成25年度
平成26年度
平成27年度
平成28年度
平成29年度
平成30年度
第6次医療計画
第7次医療計画
第7期介護保険事業計画
第5期介護保険事業計画
第6期介護保険事業計画
基金（医療分のみ）
基金（介護分を追加）
基金
基金
基金造成・執行
医療介護総合確保法
総合確保方針
介護報酬改定（予定）
診療報酬改定（予定）
総合確保方針
同時改定（予定）
地域医療構想のガイドライン（年度末）
改正医療法
地域医療構想（ビジョン）の策定
医療計画基本方針
医療計画策定
病床機能報告
・2025年の医療需要と、目指すべき医療提供体制
・目指すべき医療提供体制を実現するための施策
医療機能の分化・連携と、地域包括ケアシステムの構築を一体的に推進
介護保険事業計画基本指針
改正介護保険法
介護保険事業（支援）計画策定
第6期介護保険事業（支援）計画に位置付けた施策の実施
介護保険事業計画基本指針
介護保険事業（支援）計画策定
・2025年度までの将来見通しの策定
・介護サービスの拡充
・地域支援事業による在宅医療・介護連携、地域ケア会議、認知症施策、生活支援・介護予防等の推進
病床機能分化・連携の影響を両計画に反映
医療保険制度改革
医療保険制度改革について、必要な法律案を平成27年通常国会に提出
必要な措置を平成29年度までを目途に順次講ずる
・医療保険制度の財政基盤の安定化
・保険料に係る国民の負担に関する公平の確保
・保険給付の対象となる療養の範囲の適正化　等
出典：厚生労働省資料

コラム

受診の仕方、考えませんか？

多くの病院は、平日の午前と午後に外来があります。土日は休診の場合や、土曜の午前中だけ外来診療を行っている病院もあります。

外来受診の流れは、病院の規模によっても異なりますが、まず受付後に診療科が決まり、問診票を記入し、診察をします。その後必要な検査を受け、診断が確定し、治療方針が決まります。

診療所やクリニックと違い、病院の場合は血液検査やレントゲンなどの検査を行う場所に移動する必要があります。外来患者数も、大規模な病院であればあるほど多いため、待たされることも多くなります。

地域の病院が困る受診例があります。

３日前から食欲不振なのに、土曜日の昼に受診に来る。39度の熱が前日から出ているのに金曜日の夕方に受診に来る。高度救急病院と違い、地域の病院では、夕方や土曜日は必要な検査ができない場合もあり、診断の確定に支障を来すことがあります。緊急の場合は別として、在宅や施設のケアマネジャーは、早めの受診調整を心がけましょう。

基本編 ❸ 地域包括ケアシステムの新たな植木鉢

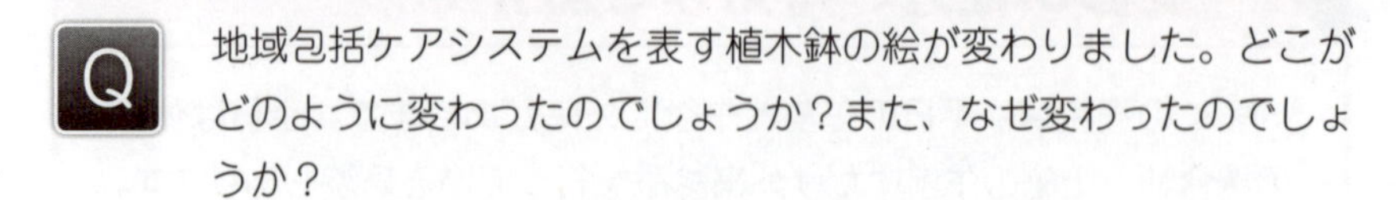

Q 地域包括ケアシステムを表す植木鉢の絵が変わりました。どこがどのように変わったのでしょうか？また、なぜ変わったのでしょうか？

A **平成28年３月の地域包括ケア研究会の報告書で、地域包括ケアシステムの植木鉢の絵が変わりました。ケアマネジメントにおいては、非常に重要な部分が変化しています。しっかり確認しておきましょう。**

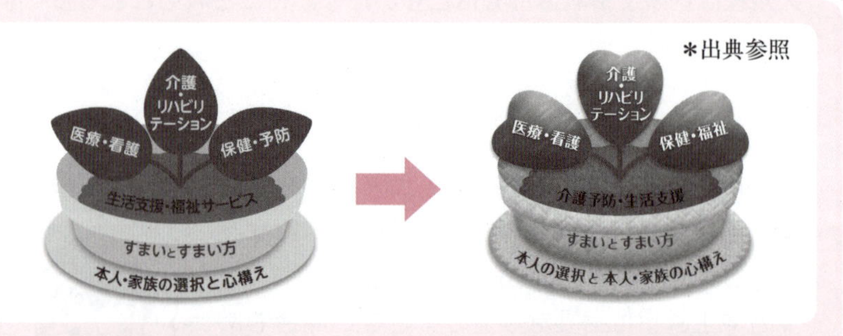

● 変化した点は３か所です。

1）「本人の選択と本人・家族の心構え」

受け皿にある「本人・家族の選択と心構え」が、**「本人の選択と本人・家族の心構え」**に変わりました。身体が思うように動かなくても、たとえ自分で意思を伝えられなくても、自分の生き方、最期の迎え方を決めるのはあくまでも「本人」ということを強調した絵に変わっています。**「自分で選んで自分で決める」**、利用者の意思決定をより尊重した形に進化しました。

2）「介護予防・生活支援」

植木鉢の土となる「生活支援・福祉サービス」が、「介護予防・生活支援」に変わりました。自分らしく暮らしていくためには、介護予防に自ら取り組む**「自助」**が大切であり、それを支える**生活支援が充実**することを表しているといえます。

3）「保健・福祉」

植木鉢の葉の１つ「保健・予防」が、「保健・福祉」に変わりました。この絵が表す葉の部分は、**「専門職」**を表しています。一人一人の暮らしを支える専門職として、医療や看護、介護やリハビリと同様に、「保健・福祉」の専門職が必要であることを示しています。

まとめ

- 地域包括ケアシステムの植木鉢は、年々進化を遂げています。病気になっても障害を抱えても、自分の生き方や暮らし方は**「自分で選んで自分で決める」**、とても大切な視点があらためて強調されました。
- 本人がどのような選択をしたとしても、ケアマネジャーは全力で**「支えきる覚悟」**を持ちましょう。そして、医療・介護関係者の「チームで支えきる覚悟」の醸成に繋げていくことが必要です。
- ケアマネジャーには、利用者の意思決定を支え**「絶対に自立支援をあきらめない姿勢」**が求められているのです。

＊出典：三菱ＵＦＪリサーチ＆コンサルティング「＜地域包括ケア研究会＞地域包括ケアシステムと地域マネジメント」（地域包括ケアシステム構築に向けた制度及びサービスのあり方に関する研究事業）、平成27年度厚生労働省老人保健健康増進等事業、2016年

基本編④ 地域包括ケア病棟ってなに？

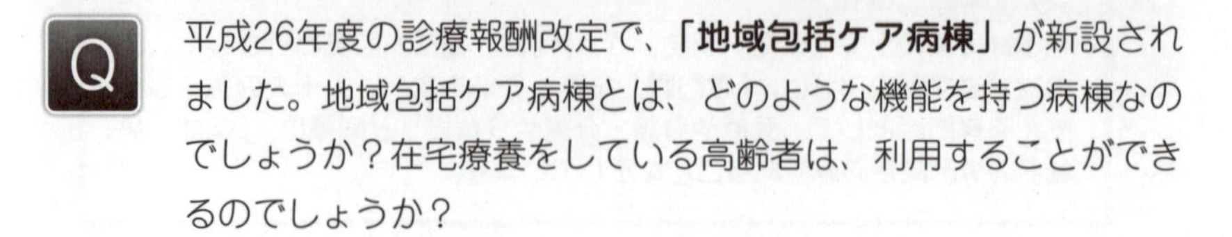

Q 平成26年度の診療報酬改定で、**「地域包括ケア病棟」**が新設されました。地域包括ケア病棟とは、どのような機能を持つ病棟なのでしょうか？在宅療養をしている高齢者は、利用することができるのでしょうか？

A **「地域包括ケア病棟」は、平成26年度（2014年度）の診療報酬改定で新設された新しい病棟のカテゴリーです。地域包括ケアシステムが目指す「施設から在宅へ」を実現するために位置付けられた病棟であるといえます。**

- 救急で入院した患者は、病状が安定すると退院に向けた準備が始まります。最近では、早期退院が推奨され、退院準備は想像以上に早く始まります。しかし、退院後の生活に不安を抱えている方も多くいます。また、在宅生活の中で短期間の入院が必要な方もいます。

- そういった在宅療養者を対象に、地域包括ケア病棟では、安心して在宅復帰や在宅の継続が出来るよう、準備・支援する病棟として新設されました。

地域包括ケア病棟３つの機能

❶在宅緊急時の受け入れ機能

在宅療養者の病状が悪化した場合、一時入院を受け入れる機能

❷急性期病院からの受け入れ機能

急性期病院入院中の患者の状態が安定した場合に受入れる機能

❸在宅復帰に向けた支援機能

入院が長期化しないよう在宅復帰の調整も担う機能

- 入院期限は60日以内で、施設基準、人員基準、在宅復帰率など、様々な条件が課せられています。（※詳細はP107）
全国的には、看護配置基準10対１の一般病棟からの転換が多いようです。一般病棟の一部を地域包括ケア病棟（病床）にすることで、一般病棟の機能を維持しながら、**在宅復帰を目指す効果**があります。

まとめ

- ケアマネジャーは、地域で地域包括ケア病棟を設置している病院がどこにあるか、ケアマネジメントに必要な医療知識として知っておきましょう。

- 地域包括ケア病棟の大切な役割は、**「病院と在宅を相互に繋ぐこと」**です。そして**「在宅生活の継続を目指すこと」**でもあります。

- **暮らしの基盤は「在宅」**です。地域包括ケア病棟は**「おおむね在宅、時々入院」**の考え方を基本に、継続した在宅療養生活の実現をサポートする病棟といえます。

基本編 5 認知症疾患医療センターとは？

Q 認知症の要介護高齢者は、年々増えています。**「認知症疾患医療センター」**とは、どのような機能を持つ医療機関でしょうか？ケアマネジャーが直接相談することはできるのでしょうか?

A **認知症疾患医療センターは、利用者の認知症を「早期発見・早期対応」するために大変重要です。ケアマネジャーは、認知症疾患医療センターの役割について理解しておきましょう。**

● 認知症疾患医療センターは、認知症の在宅療養者やその家族が、安心して生活するための支援の一つとして、都道府県および指定都市が指定する認知症専門の医療機関として設置されています。

● 認知症疾患医療センターは、**「基幹型」**と**「地域型」**に分かれています。

●「基幹型」は、都道府県を範囲とする大学病院や総合病院が指定対象となっています。一方、「地域型」は、二次医療圏ごとを範囲とし、精神科だけの病院も指定対象になっています。
認知症施策推進5か年計画（2012年オレンジプラン）では、**「診療所型」**の認知症医療支援診療所も整備することとなっています。

● 認知症疾患医療センターでは、認知症専門医や、認知症専門看護師をはじめ、精神保健福祉士や臨床心理士などの専門家によって、認知症を総合的に診断し、評価します。また、画像診断、神経心理学的な検査をはじめ、認知症に伴う精神症状や異常行動を治療し、地域のかかりつけ医や病院と連携しながら診察を行います。

● また、常時、患者や家族からの相談を受け、地域の医療機関を紹介したり、さらには、専門職への研修や、地域包括支援センターなどの機関との連携、住民への啓発なども行います。

※日本大百科全書（ニッポニカ）小学館の解説を参照

まとめ

- 認知症疾患医療センターに直接相談する前に、まずは、**在宅主治医に相談**しましょう。認知症の疑いや不安がある場合は、身近な「かかりつけ医機能を持った在宅主治医」（※P38参照）に相談することが大切です。

- 在宅主治医がいない場合は、医師会や都道府県が認知症に関する相談・助言、診断、専門医療機関の紹介をする医師の名簿を、「認知症サポート医名簿」として公表しています。地区医師会等に確認してみましょう。

- **東京都医療機関案内サービス「ひまわり」**では、認知症の診断、治療等の対応が可能な東京都内の医療機関を詳細な条件で検索できます。

- ケアマネジャーは、自分の地域の認知症疾患医療センターを確認し、認知症の早期発見・早期診断・早期対応に役立てることが大切です。

参　考

とうきょう認知症ナビ

認知症の基礎知識や相談窓口などについて総合的に発信する、東京都の公式サイトです。

とうきょう認知症ナビ で 検索

地域拠点型認知症疾患医療センター（東京都）

区中央部	①順天堂大学医学部附属順天堂医院
区 南 部	②公益財団法人東京都保健医療公社　荏原病院
区西南部	③東京都立松沢病院
区 西 部	④浴風会病院
区西北部	⑤東京都健康長寿医療センター
区東北部	⑥大内病院

区　東　部	⑦順天堂東京江東高齢者医療センター
西　多　摩	⑧青梅成木台病院
南　多　摩	⑨平川病院
北多摩西部	⑩国家公務員共済組合連合会立川病院
北多摩南部	⑪杏林大学医学部付属病院
北多摩北部	⑫薫風会山田病院

コラム

訪問看護師は見た！困ったケアマネジャー　その1

ある月の訪問看護ステーションの実績を居宅介護支援事業所にFAXしたら、担当ケアマネジャーが激昂して電話をかけてきました。

ケアマネ：「なんでこんなに単位数がオーバーしているんですか !?」
訪問看護：「え？」
ケアマネ：「利用者に自己負担が発生するじゃないですか !!!」
訪問看護：「……」

「自費の責任は訪問看護ステーションにある」と言わんばかりの勢い。感情的で話になりませんでした。

よくよく確認すると、結局ケアマネジャーの入力ミスだったことが判明。

ところが、謝罪もなく、「おかしいわね、機械のせいかしら」と、ケロリ。

ケアマネジャーも訪問看護師も、お互いに忙しい仕事です。時には間違えることもあるでしょう。もう少し冷静に歩み寄りの姿勢で、連携しませんか？

基本編 ❻ 認知症に関する様々な取り組みの関係性

認知症に関する施策が進んでいますが、仕組みや名称が複雑でよくわかりません。**「認知症地域支援推進員」「認知症コーディネーター」「認知症初期集中支援チーム」「認知症アウトリーチチーム」**は、どのような役割があるのでしょうか？

認知症高齢者に対応する施策は、国の喫緊の課題です。しかし、連携の仕組みが複雑で名称も似ているため、わかりにくいかもしれません。ケアマネジャーは、名称と役割の違いを理解し、認知症施策の全体像を捉えておくことが大切です。

- 地域にいる認知症の人に対し、早期発見、早期診断に繋げる仕組みが様々な角度から実施されています。

- **認知症地域支援推進員**は、地域にいる市民に身近な認知症の相談役です。認知症の人やその家族の相談支援、認知症理解の啓発活動（認知症サポーター養成講座など）を行います。認知症の人が、必要な医療や介護等のサービスを受けられるよう、医療機関等への連絡調整の支援を行います。

- **認知症コーディネーター**は、認知症の人の生活を支えるために、地域の医療、介護、その他の認知症サポート事業をコーディネートし、適切な支援に繋ぐ相談員です。地域の社会資源を把握し、支援が難しいケースについては、ケアマネジャーをはじめ、関係機関・施設（職員）への相談・助言、必要なサービスへの橋渡しなどの支援を行います。

- **認知症初期集中支援チーム**は、認知症に関する市民の身近な専門職チームです。家族の訴え等により認知症が疑われる人やその家族を、医療・介護の専門職が訪問します。家族支援をはじめ、認知症初期の支援を包括的、集中的（おおむね６か月）に行い、自立生活のサポートを行うチームをいいます。

- **認知症アウトリーチチーム**は、認知症に関する知識を持った医療・介護の専門職で構成されるチームです。市区町村が配置する認知症コーディネーター等からの依頼で、認知症の疑いのある人の自宅を訪問し、アセスメント等を実施します。早期診断を行うと共に、適切な医療・介護サービスに結びつける役割があります。

まとめ

- 認知症の人や家族への支援は、早い段階で、適切な関係機関や社会資源に繋げることが大切です。認知症の人や家族が、**24時間365日**安心できる体制づくりが不可欠です。

- そのために、医療・介護の専門職や関係機関が、地域の中で連携を図りながら、認知症に関する相談支援が速やかに実施される体制づくりを目指しています。

- ケアマネジャーの役割は、認知症の人や家族のアセスメントを丁寧に行い、適切な社会資源に繋ぐことです。認知症の早期診断、早期対応に繋げるためには、**ケアマネジャーのアセスメント**が重要となります。

- ケアマネジャーは、認知症施策の全体像を理解すると共に、専門職やチームがどのような連携関係をつくりながら地域を支えているか、しっかり把握しておきましょう。

認知症の人と家族を支える地域づくりの全体像

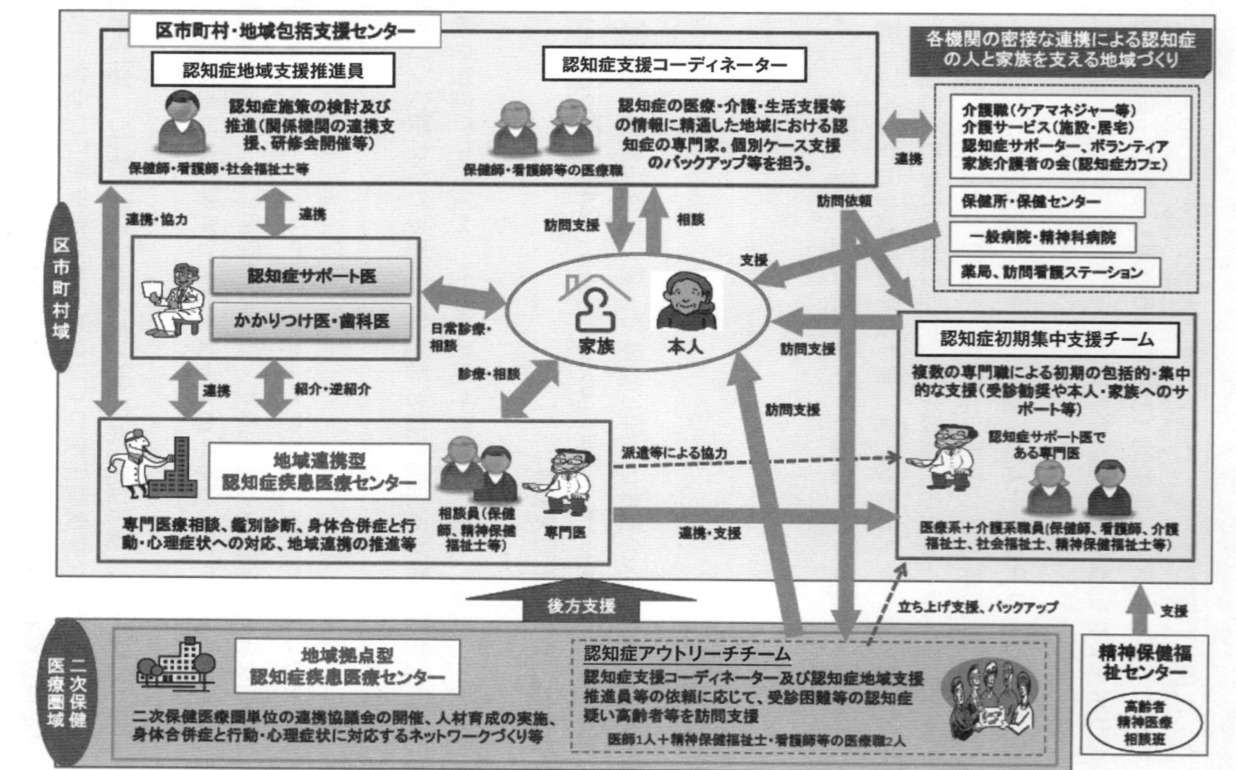

出典：厚生労働省資料

コラム

訪問看護師は見た！困ったケアマネジャー　その2

利用票とケアプランを届けに、訪問看護ステーションにやって来たケアマネジャー。

ところが、なぜか、A訪問介護事業所のサービス提供責任者の悪口や、B訪問看護ステーションの不満を言いまくって帰りました。

よほど頭にきたことがあったのかもしれませんが、関わっている事業所の悪口を、別の事業所で吐き出して帰るって…どうなんでしょう？

「もしかしたら、当ステーションの悪口も、こうやってB訪問看護ステーションに言っているのかな…」と疑ってしまいます。

基本編 ⑦ 在宅医療・介護連携推進事業ってなに？

「**在宅医療・介護連携事業**」は、どのような事業ですか？**8つの事業**があると聞きましたが、よくわかりません。

医療ニーズと介護ニーズを併せ持つ高齢者の課題は、地域によって異なります。ケアマネジャーは、これからのまちづくりを踏まえて、医療と介護の連携体制を考えていかなければなりません。

- 平成27年度より、介護保険の地域支援事業において、「**在宅医療・介護連携推進事業**」が制度化されました。

- 平成23年度・24年度に、全国で実施された在宅医療連携拠点事業や在宅医療推進事業のモデル事業を踏まえ、**平成30年４月まで**に、次ページの(ア)から(ク)の８事業を全ての市区町村で実施することが義務付けられています。

- 病院の平均在院日数が短縮されていく中、今後、在宅療養者はさらに増えていくと予測されています。一方で、自宅での療養が続けられない事情や、複雑な多問題を抱えた在宅療養者も増えています。

- 地域包括ケアシステムにおいては、最期まで、住みなれた自宅で暮らし続けていけるよう地域全体での在宅医療と介護連携を目指しています。そのため、国策として医療と介護の連携推進に力を注いでいるのです。

8つの事業

(ア)　地域の医療・介護の資源の把握
(イ)　在宅医療・介護連携の課題の抽出と対応策の検討
(ウ)　切れ目のない在宅医療と介護の提供体制の構築推進
(エ)　医療・介護関係者の情報共有の支援
(オ)　在宅医療・介護連携に関する相談支援
(カ)　医療・介護関係者の研修
(キ)　地域住民への普及啓発
(ク)　在宅医療・介護連携に関する関係市区町村の連携

まとめ

- 市区町村ごとに８つの事業項目の全てについて、新たに取り組むということではありません。今までの取り組みを見直し、８つの事業に照らし合わせて、**地域ごとに整理する**ことが求められています。

- ８つの事業項目は、それぞれの地域特性に応じ、市区町村が中心となって、地区医師会等と協働しながら在宅医療と介護連携の推進に取り組むものです。

- 在宅医療・介護連携の推進に、ケアマネジャーの存在は欠かせません。ケアマネジャーは、ケアマネジメントを通じて、自分の地域の医療・介護体制づくりを共に考えていく姿勢が大切です。

在宅医療・介護連携推進事業（介護保険の地域支援事業、平成２７年度～）

○ 在宅医療・介護の連携推進については、これまで医政局施策の在宅医療連携拠点事業（平成23・24年度）、在宅医療推進事業（平成25年度～）により一定の成果。それを踏まえ、介護保険法の中で制度化。
○ 介護保険法の地域支援事業に位置づけ、市区町村が主体となり、郡市区医師会等と連携しつつ取り組む。
○ 実施可能な市区町村は平成27年4月から取組を開始し、平成30年4月には全ての市区町村で実施。
○ 各市区町村は、原則として（ア）～（ク）の全ての事業項目を実施。
○ 事業項目の一部を郡市区医師会等（地域の医療機関や他の団体を含む）に委託することも可能。
○ 都道府県・保健所は、市区町村と都道府県医師会等の関係団体、病院等との協議の支援や、都道府県レベルでの研修等により支援。国は、事業実施関連の資料や事例集の整備等により支援するとともに、都道府県を通じて実施状況を把握。

○事業項目と取組例

（ア）地域の医療・介護の資源の把握
- ◆ 地域の医療機関の分布、医療機能を把握し、リスト・マップ化
- ◆ 必要に応じて、連携に有用な項目（在宅医療の取組状況、医師の相談対応が可能な日時等）を調査
- ◆ 結果を関係者間で共有

（イ）在宅医療・介護連携の課題の抽出と対応策の検討
- ◆ 地域の医療・介護関係者等が参画する会議を開催し、在宅医療・介護連携の現状を把握し、課題の抽出、対応策を検討

（ウ）切れ目のない在宅医療と在宅介護の提供体制の構築推進
- ◆地域の医療・介護関係者の協力を得て、在宅医療・介護サービスの提供体制の構築を推進

（エ）医療・介護関係者の情報共有の支援
- ◆ 情報共有シート、地域連携パス等の活用により、医療・介護関係者の情報共有を支援
- ◆ 在宅での看取り、急変時の情報共有にも活用

（オ）在宅医療・介護連携に関する相談支援
- ◆ 医療・介護関係者の連携を支援するコーディネーターの配置等による、在宅医療・介護連携に関する相談窓口の設置・運営により、連携の取組を支援。

（カ）医療・介護関係者の研修
- ◆ 地域の医療・介護関係者がグループワーク等を通じ、多職種連携の実際を習得
- ◆ 介護職を対象とした医療関連の研修会を開催等

（キ）地域住民への普及啓発
- ◆ 地域住民を対象にしたシンポジウム等の開催
- ◆ パンフレット、チラシ、区報、HP等を活用した、在宅医療・介護サービスに関する普及啓発
- ◆ 在宅での看取りについての講演会の開催等

（ク）在宅医療・介護連携に関する関係市区町村の連携
- ◆同一の二次医療圏内にある市区町村や隣接する市区町村等が連携して、広域連携が必要な事項について検討

出典：厚生労働省資料

コラム

訪問看護師からケアマネジャーへのメッセージ

サービス担当者会議を開催する際、日程の相談は必ずしてほしいですね。

忙しいのはお互い様。訪問看護師も、何とか都合をつけようと頑張っています。

「○○さんのサービス担当者会議、この日時に決まったので来てくださいね！」と軽～く言われると、「訪問看護師の都合なんて、完全無視なのね…」と残念に感じます。

ケアマネさん、皆さんの仕事は、**「マネジメント（調整）」**です。

日程調整も大事なマネジメントではありませんか？

基本編 ❽ 在宅療養支援窓口ってなに？

在宅医療・介護連携推進事業の(オ)にあたる、**「在宅療養支援窓口」**が設置されることになりました。どのような役割や機能を持っているのでしょうか？市民でも誰でも相談してよいのでしょうか？

在宅医療・介護連携推進事業８事業の(オ)にあたる相談窓口は、ケアマネジャーの医療連携をサポートする心強い味方です。ぜひケアマネジメントを支援する機能の１つとして効果的に活用しましょう。

- 医療と介護が連携する上で、まだまだコミュニケーションの行き違いや専門性の理解不足があります。「連携したつもり」「繋がったつもり」が、利用者の支援に隙間をつくり、必要な支援に繋がらないこともよくあることです。

- 在宅療養支援窓口は、スムーズで隙間のない多職種連携ができるよう**「繋ぎきる支援機能」**を持っています。コーディネーターの配置により、ケアマネジャーや多職種の連携を支援しています。

- ケアマネジャーはもちろん、地域包括支援センターや診療所医師、訪問看護ステーションや訪問介護員、MSWや施設の相談員など、主に専門職の**「連携に関する相談」**を受けています。

- 市民からの相談を中心に受けている窓口もあります。市民からの相談内容の中に、医療職と介護職の連携がうまくいかない課題が隠れている場合があるからです。
  なお、在宅療養支援窓口の設置場所や名称、コーディネーターとして配置される職種は、**自治体によって異なります。**

市区町村の委託先と設置場所の例

1. 郡市医師会が事業委託を受け、医師会内に主任ケアマネを配置
2. 病院が事業委託を受け、医療相談室に看護師を配置
3. 病院が事業委託を受け、役所内に主任ケアマネを配置
4. 訪問看護事業者が事業委託を受け、事業所内に社会福祉士を配置
5. 地域包括支援センターが事業委託を受け、社会福祉士を配置
6. 市区町村が直営で、役所内に看護師を配置　　など

まとめ

- 在宅療養支援窓口のコーディネーターと、地域包括支援センターの連携は欠かせません。どちらもケアマネジメントを支援する機能があるからです。

- 在宅療養を支えるケアチームの連携次第で、高齢者の暮らしは不安から安心に変わります。ケアマネジャーは、医療連携がうまくいかない時、１人で悩まずに在宅療養支援窓口のコーディネーターに相談してください。医療・介護連携の解決の糸口が見つかるかもしれません。

- 医療と介護の両方を必要とする高齢者が、住みなれた地域で自分らしい暮らしを続けることができるよう、在宅医療と介護を一体的に提供できる体制づくりが求められています。

在宅医療・介護連携の推進

○　医療と介護の両方を必要とする状態の高齢者が、住み慣れた地域で自分らしい暮らしを続けることができるよう、地域における医療・介護の関係機関（※）が連携して、包括的かつ継続的な在宅医療・介護を提供することが重要。

（※）在宅療養を支える関係機関の例

- 診療所・在宅療養支援診療所・歯科診療所等　（定期的な訪問診療等の実施）
- 病院・在宅療養支援病院・診療所（有床診療所）等　（急変時の診療・一時的な入院の受入れの実施）
- 訪問看護事業所、薬局　（医療機関と連携し、服薬管理や点滴・褥瘡処置等の医療処置、看取りケアの実施等）
- 介護サービス事業所　（入浴、排せつ、食事等の介護の実施）

○　このため、関係機関が連携し、多職種協働により在宅医療・介護を一体的に提供できる体制を構築するため、都道府県・保健所の支援の下、市区町村が中心となって、地域の医師会等と緊密に連携しながら、地域の関係機関の連携体制の構築を推進する。

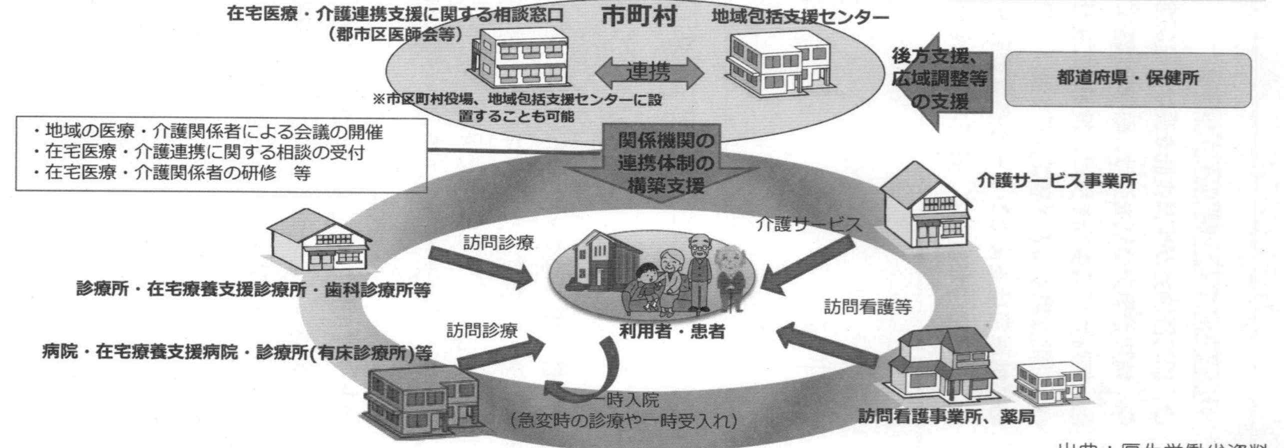

出典：厚生労働省資料

コラム

「外来診療中心の在宅主治医と在宅医療医」の違い

在宅主治医の多くは、外来診療を中心に行っています。医師が1人の診療所も多くあります。一方、3名以上の常勤医を配置し、外来診療と訪問診療を両立している在宅療養支援診療所などもあります。

長く通院している診療所の在宅主治医は、患者や介護者の状況等は、ある程度理解しています。治療の経過や患者の人となりがわかっているからこそ、在宅主治医が自ら訪問診療への切り替えを提案する場合もあります。

外来診療を1人の医師で行っている場合、現実には、訪問診療との両立はかなり難しいといえます。特に終末期の患者の場合は、昼夜を問わず、いつ呼び出しがあるとも限りません。外来診療中に、急変が起こってもすぐに駆けつけることはできません。

一方、在宅医療医は、**基本的に24時間365日、昼夜を問わず対応が可能**です。ただし、患者や介護者とは短期間の関わりになることが多く、患者や家族と信頼関係を結ぶテクニックも必要になります。

このように、外来診療中心の医師と在宅医療医では、特徴が異なります。

2 連携場面における コミュニケーションルール

コミュニケーション編 ❶ 応用の前に、まず基本！

Q 入門編で、医療職とケアマネジャーのコミュニケーションの違いを学びました。頭ではわかっていても、実際にはなかなかうまくいきません。もっと簡単に医療職とコミュニケーションが取れる方法はないのでしょうか？

A **ケアマネジャーにとって、医療職との連携はまさに「異文化交流」です。こちらの気持ちが伝わらない、話がかみ合わないと感じているケアマネジャーは多くいるはずです。なぜなのでしょうか。**

●医療職と簡単にコミュニケーションが図れたら、こんなに楽なことはありません。しかし、残念ながらコミュニケーションが簡単に取れる魔法のような方法はありません。

●医療職とのコミュニケーションがうまく取れない一番の理由は、「ケアマネジャー自身」にあります。自分が話したいことを一方的に伝えようとするため、結局「で、何が言いたいの？」と、なかなか相手に伝わらないのです。

●コミュニケーションのコツは、**「呼吸とスピード感」**を合わせることです。相手の事情に配慮しないようでは、お互いに気持ちの良い連携はできません。

まとめ

●応用の前に、まずは基本が大切です。常に医療職とのコミュニケーションの「基本」ができているかを振り返る姿勢を持ちましょう。

●コミュニケーションの前に大事なことがたくさんあります。実践の場面で基本ができているかをチェックしてみましょう。

医療職とのコミュニケーション　基本編

- □ 身なりや立ち居振る舞いに気を配っていますか？
- □ 挨拶はきちんとできていますか？
- □ 面談の予約を取って訪問していますか？
- □ 訪問の目的は明確ですか？（挨拶か、相談か、報告か）
- □ 相手の時間に配慮した訪問ができていますか？
- □ 相手が必要とする情報を伝えることができていますか？
- □ 同じ質問を繰り返していませんか？
- □ わからないことをきちんと聞くことができていますか？
- □ ケアマネジャーの判断根拠を持って話せていますか？
- □ スピード感を合わせた会話ができていますか？
- □「話はまず結論から」を心がけていますか？
- □ 最初の経過から長々と話を始めていませんか？
- □ サービス担当者会議への参加依頼をしていますか？
- □ きちんとケアプランを渡していますか？
- □ その後の経過について、きちんと報告ができていますか？
- □ 思い込みや感情だけで動いていませんか？
- □ コミュニケーションが取れているつもりになっていませんか？
- □ 利用者や家族が知っている程度の医療知識は、学んでいますか？
- □ 勉強会や研修会など、医療職と話す機会を活用していますか？
- □ ケアマネジャーの仕事は「マネジメント」と理解していますか？

医療職とコミュニケーションを図る上での「基本のキ」です。あらためて、自分自身を振り返ることが、応用編に入る第一歩です。

コミュニケーション編 ❷ 相談上手になりましょう

Q 先日、利用者から、「そろそろ病院主治医から在宅主治医に移行したい」、と言われました。地域の在宅療養支援窓口に「在宅主治医のリストがほしい」と相談をしたところ、相談員からいろいろ事情を聞かれてしまいました。ケアマネジャーとしては、在宅主治医リストが欲しかっただけなのですが、なぜでしょうか？

A **なぜ、利用者は「在宅主治医に移行したい」と言ったのでしょうか？ケアマネジャーの相談の仕方しだいで、得られる情報は変わります。どこの相談窓口に対しても、ケアマネジャーとして相談する時には、相談の仕方に留意する必要があります。**

- 相談をしてくるケアマネジャーの中には、**在宅療養支援窓口**を、「単なる情報紹介所」のように思っている人がいます。

- 単に「在宅主治医リストだけがほしい」という姿勢で電話をかけてくるケアマネジャーと話をすると、とても残念でなりません。医療職や多職種と連携をする姿勢が、想像できてしまうからです。

- 情報を得ることが目的の相談であっても**「なぜ在宅主治医リストがほしいのか」**を、きちんと説明する必要があります。単に医療情報を知りたいだけなら、インターネット等で調べればよいことです。

- また、「まず相談！」という勢いで、情報を整理せずに電話をかけてくるケアマネジャーもいます。いつからの話なのか、どこからの相談なのか、誰が言った言葉なのか、時系列もバラバラで整理されていないため、電話ごしに聞きながら情報の交通整理をするのは、相当大変な作業になります。

- 相談相手にどのように伝えるとほしい情報が得られるかは、相談の仕方次第です。
  今後も相談できる関係づくりも大切になります。

まとめ

- 利用者に情報提供するということは、ケアマネジャーの責任が伴う行為です。無責任な医療情報の提供は、利用者と主治医の信頼関係にも影響することを理解しておきましょう。なぜ、在宅主治医に移行したいのか、理由次第では慎重に情報提供をしなければなりません。

- また、相談の仕方には、ケアマネジャーの誠実さや姿勢が表れます。特に医療との連携においては、**「情報を整理してから相談する」**という基本的な相談の方法を身に付けておきましょう。医療との連携においては、大変重要です。

- 相談は簡潔に、要点をまとめて、**時系列に沿って説明**しましょう。
  5W1Hを踏まえ、事実と感情を整理しながら、ケアマネジャーの判断を交えて丁寧な相談の仕方を心がけてください。

- 相談は双方向のコミュニケーションが大切です。在宅療養支援窓口だけでなく、地域包括支援センターや行政、MSWに相談する場合も同様です。
  「相談上手」になりましょう。

コラム

内科医は見た！困ったケアマネジャー

（トゥルルルル…着信音）

ケアマネ：T先生、ご相談したいことがあるのでこれから伺ってもよろしいですか？ Aさんのケアマネの○○といいます。

（コンコンッ…ドアのノック音）

ケアマネ：**はじめまして。**Aさんのケアマネをしている○○です。いま、お時間よろしいでしょうか？
ケアマネの変更があって**1年前から私が担当**になりました。
Aさんは、1人暮らしで、今は介護保険の訪問介護員に来てもらって調理などをしてもらっています。
デイサービスを勧めていますが、Aさんがなかなか受け入れてくれない状況です。近頃は、夏の暑さもあり家にいることも多いようですが、買い物にはでかけているみたいです。
先日、別居の娘さんから電話があって、『この前会ったら少し太った感じがした』と言われました。
訪問介護員に聞いたら、『元気はあるし、食欲も旺盛で、**惣菜パンなど**も買って食べている』とのことでした。
本人は『薬も飲んでいるし、元気だ』と言っていましたが、『**糖尿病**は悪くなっている』とT先生がおっしゃっていたと聞いています。
実は、**半年前に**娘さんを交えて**サービス担当者会議**をしたのですが、娘さんは『同居は難しい』と言っていました。まだ、要介護2なので、特養ホームに入所はできないし、独りで暮らしていくしかない状況ですが、間食もしているみたいだし、とても心配しています。

先生、ケアマネとして、どうしたらよいでしょうか？

（あまりにも長い話（20分位に感じられた）のため一部割愛…）

T 医 師：……（困惑した表情で終始無言）

さて、T医師は、なぜ無言になったのでしょうか？

・問題点・

①１年前にケアマネジャーが交代しているにも関わらず、今回が初対面。この１年間、T医師との連携は１度もなかった。

②半年前のサービス担当者会議にT医師は呼ばれていない。声もかけられてないし、サービス担当者会議の報告もなかった。

③話が長すぎて、何を強調したいのかわからない。

④「ケアマネとしてどうしたらよいか」と言われても、医師なのでわからない。ケアマネの考えや判断が感じられない。

実はこのケアマネさん、相談したかったことは「管理栄養士による訪問栄養指導を入れられないか」ということでした。

T医師いわく、「だったらそれを先に言えばいいのに…。貴重な時間を無駄にした…」と。

医師にとってもケアマネジャーにとっても、時間はとても貴重です。お互いの時間を大切にしあえる連携を心がけたいですね。

場面ごとのＱ＆Ａ

1　在宅医療編

2　入院医療編

1 在宅医療編

1　在宅主治医

在宅主治医編 1 「在宅主治医」とは？

Q 私が担当している利用者は、いくつもの医療機関に通院をしていて、複数の医師に受診をしています。どの医師を**「在宅主治医」**と考えればよいのでしょうか？

A **たくさんの医療機関に受診をしている利用者の場合、ケアマネジャーとしては、どの医師を在宅主治医とするか悩ましく思うかもしれません。「在宅主治医」の意味を考えてみましょう。**

- 「在宅主治医」とは、言葉のとおり**「在宅医療を行う主たる医師」**のことです。地域の病院や診療所やクリニックなどで、在宅医療を行っている医師をいいます。

- 疾患の種類によっては、大学病院などで高度な医療を受けている方がいます。大学病院の機能を考えると、超急性期病院の医師が、在宅医療を行うことは現実的には難しいでしょう。

- 複数の疾患で、地域の総合病院に受診している場合は、地域病院が在宅主治医になることもあります。

まとめ

- ケアマネジャーは、どの医師が、**「利用者の暮らしを支える医療を担っているか」**を見極める必要があります。

- 在宅主治医とは、疾患を診るだけでなく、利用者の暮らしの中で起こる様々な不安や困りごとを、ケアマネジャーやチームと一緒に考えてくれる医師のことです。

- 介護保険制度のサービスを利用する場合、要介護認定には、「主治医意見書」が必要です。主治医意見書を作成する医師を「在宅主治医」と理解しておくことも大切です。

コラム

訪問看護師は見た！困ったケアマネジャー　その3

訪問看護の新規依頼の際、看護師を直接指名するケアマネジャーがいます。訪問看護事業も居宅介護支援事業も、利用者との契約は、「事業所」のはず。新規依頼の相談は、まず事業所の管理者にすべきことです。ケアマネジャーの事業所に置き換えて考えれば同じことですよね。

ケアマネジャーと違い、訪問看護の場合は担当制にしない事業所も多くあります。事業所ごとのルールもあるので、新規依頼は必ず事業所の管理者に相談してくださいね。

在宅主治医編 ❷ 「在宅主治医」と「かかりつけ医」の違いは？

「在宅主治医」と**「かかりつけ医」**の違いがよくわかりません。どう違うのでしょうか？

この2つの言葉は、同じようでいて何となく違う意味の言葉です。特に、複数の医療機関に受診をしている利用者の場合、どの医師を「かかりつけ医」とするかは悩ましいですね。「かかりつけ医」「在宅主治医」、それぞれの言葉の意味を整理しながら、どのような医師が「かかりつけ医」だと安心できるか考えてみましょう。

- 「かかりつけ医」とは、「体調の悪い時に何でも相談できる医師」「健康診断を受ける医師」「ワクチンなど予防接種に行く医師」「気軽に受診できる自宅近くの医療機関（診療所、地域病院）」など、いわゆる、**「行きつけの医師（医療機関）」**をいいます。

- 「主治医」とは、何らかの疾患・症状で定期的に診察を行い、検査や治療方針を決定し、その治療効果なども含めて対応している医師のことをいいます。

- 主治医には「病院主治医」と「在宅主治医」があり、次のように整理できるでしょう。
  - 病院主治医→病院入院中の主治医（病院）
  - 在宅主治医→在宅療養中の主治医（病院・診療所等）

- 利用者の中には、大学病院の外来等で「高度な医療」を受けている方もいます。大学病院の機能から考えると、一時的な「在宅主治医」ではあっても、「かかりつけ医」とはいえないでしょう。

まとめ

- これからは、「かかりつけ医」と「在宅主治医」の**両方の機能**を持つ医師が、**「暮らしを支える医師」**として地域医療の中核を担ってほしいと考えます。

- そう考えると、
「定期的に受診をしている『かかりつけ医』」
≒「かかりつけ医機能を持つ『在宅主治医』」（かかりつけ在宅主治医）
と整理できるかもしれません。

- **「かかりつけ在宅主治医」**とは、疾患を診るだけでなく、利用者の暮らしの中で起こる様々な不安や困りごとを、ケアマネジャーやチームと一緒に考えてくれる医師のことです。

- また、人生の最終段階を迎えた時に、最期まで利用者の意思を尊重してくれる医師は、「かかりつけ在宅主治医」といえるでしょう。

- ケアマネジャーには、「かかりつけ在宅主治医」と共に、利用者の暮らしを最期まで支えきるチームを創り上げていくことが求められています。

東京都医師会では、「かかりつけ医機能」を、５つのポイントに整理しています。

ワンポイント

かかりつけ医の5つのポイント（東京都医師会ホームページ引用）

「かかりつけ医」とは、病気になったとき、「真っ先に相談したいお医者さん」です。そのためにも、予防も含めて普段から、気軽に何でも相談できる関係を築くことが大切です。適切な医療を望むとき、「かかりつけ医」の診療や相談は、大変心強いもの。個人で大病院を直接訪ねる前に、「かかりつけ医」と相談し、意識を持って取り組むことが、より効果の高い治療へと繋がります。

1. 近くにいる
2. どんな病気でも診る
3. いつでも診る
4. 病状を説明する
5. 必要なときにふさわしい医師を紹介する

人生の最終段階を支える「かかりつけ在宅主治医」を、訪問診療・往診の視点から整理してみました。参考にしてください。

[訪問診療・往診の観点から整理した医療機関のイメージ図]

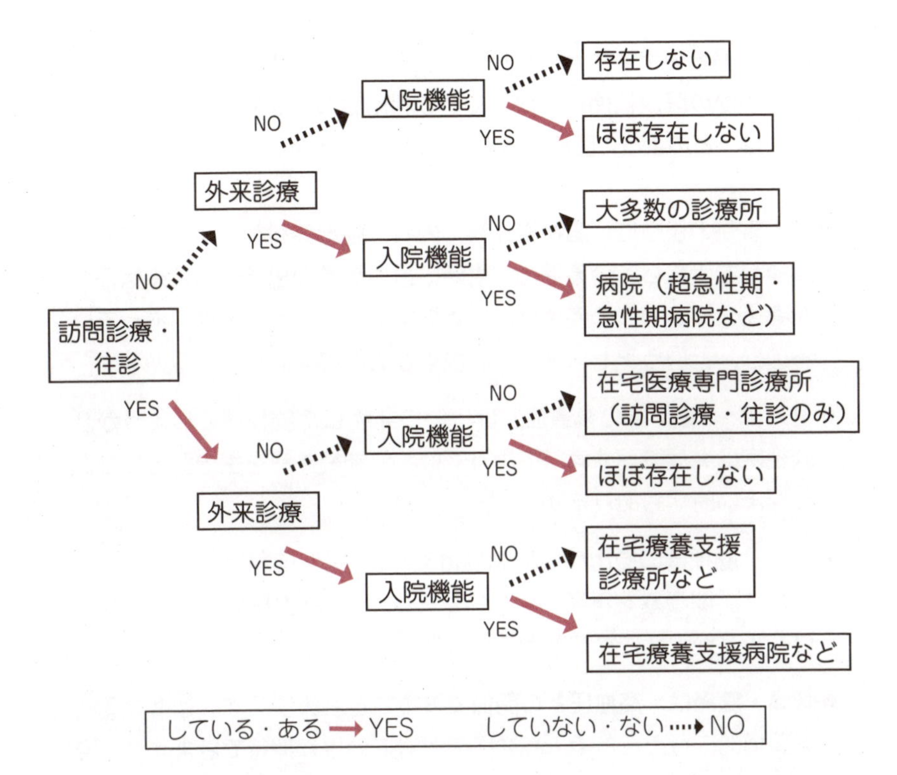

在宅主治医編 ❸ 利用者の疾患が複数ある場合の医療連携は？

78歳の利用者。**脳梗塞の後遺症で脳神経外科**に、**高血圧で内科**に、**腰痛と膝痛で整形外科**に通院中です。複数の疾患を持っている場合、どの医師とどのように医療連携をすればよいでしょうか？

高齢者の大多数は、複数の疾患を抱えています。同じ症状でいくつかの医療機関にかかっている利用者もいます。ケアマネジャーは、どのように医療連携をすべきでしょうか。

- この事例のように、**脳神経外科**、**内科**、**整形外科**など、いくつもの診療科を受診している場合、生活に最も影響が出そうな疾患は何かを考えます。複数の疾患が、生活の中でどのように影響しあっているのか、というアセスメントの視点が必要です。
- 例えば、「脳梗塞の後遺症」は、いつ発症した脳梗塞でしょうか？脳梗塞の発症時期や病状によっては、脳神経外科を主治医としたほうがよい時期もあります。
- 一方、脳梗塞の原因疾患になり得る「高血圧」に着目する必要もあります。脳梗塞を再発させないためには、**「高血圧の治療やコントロール」**が大切になると考えられるからです。
- **腰痛・膝痛は、高血圧との関係でみる**ことも大切です。適度な運動を習慣的に行うことで、高血圧の改善に効果が期待できますが、腰痛や膝痛があれば運動そのものが難しいかもしれません。
- 痛みがあって動けないことが、生活習慣病に繋がる可能性もあります。痛みをコントロールすることで、高血圧の改善に繋がり、結果的に脳梗塞の再発が予防できるかもしれません。痛みの原因を明らかにしておくことも大切です。

まとめ

- ケアマネジャーは、利用者が抱えている複数の疾患を関係性で捉え、あらゆる角度から丁寧にアセスメントすることが重要です。
- 今後、利用者の生活を維持するために、最も気を付けておく疾患を中心に医療連携をすることも求められます。
- 複数主治医の中に、「かかりつけ医機能を持つ在宅主治医」はいますか？（P38参照）その医師に、利用者の暮らしを支える在宅主治医をお願いすることも考えておきましょう。

chapter I 1
chapter I 2
chapter II 1-1
chapter II 1-2
chapter II 1-3
chapter II 2-1
chapter II 2-2
chapter II 2-3
chapter II 2-4
chapter III

コラム

訪問看護師は見た！困ったケアマネジャー　その4

自力での排便が難しい寝たきりの利用者さん。

家族に聞くと、4日間便が出ていなかったので、排便コントロールのため摘便をしました。

すると、ケアマネジャーから驚くべき言葉が！

「私がケアプランを作っているので、私が言ったこと以外の余計なことはしないでもらえますか !?」と。

あまりに驚きアゴが外れそうになりました。

な、な、なんと！このケース、それまでは訪問介護員が摘便していたようです…ありえませんよね…。

在宅主治医編 ❹ 在宅医療の種類

最近は、「訪問診療専門の診療所」が増えてきましたが、外来診療を行っていないため、どのように連携すればよいかわかりません。また、在宅医療にはどのような種類があるのでしょうか？

A

「在宅医療」と一口にいっても、いろいろな機能があります。ケアマネジャーは、在宅医療の種類を理解し、利用者にとって適切な在宅医療に繋ぐ必要があります。

- **「訪問診療専門の診療所」**で働く医師とは、外来医療（外来診療）を行わずに、「往診」「訪問診療」だけを行っている医師のことをいいます。
  ※この本では、**「在宅医療医」**と表記します。

- 医療は受ける場所により、以下の３つに分かれます。
  1）外来医療：病院や診療所の外来で受ける医療
  2）入院医療：入院して受ける医療
  3）在宅医療：居宅などで受ける医療
  （※居宅とは、自宅、有料老人ホーム、サービス付高齢者住宅等）

- 在宅医療には、「往診」「訪問診療」があります。
  ケアマネジャーは、利用者や家族の意向を踏まえながら、どの方法で医療を受けることができるかを検討します。

まとめ

- ケアマネジャーは、**往診と訪問診療の違い**を、しっかり理解しておきましょう。

利用者や家族の求めに応じて臨時で訪問する「往診」と、計画的で定期的な「訪問診療」とでは、同じ訪問でも**目的**が異なります。

● 利用者の病状や心身の状態によって、**外来医療か在宅医療か**が決まります。訪問診療を受けることは、外来通院が難しい病状であると理解しておきましょう。

在宅療養を担う診療方法

①**外来診療**　病院や診療所に、外から来る患者を診察すること

②**往　　診**　利用者や家族の求めに応じて、医師がその都度自宅に赴き診療を行うこと

③**訪問診療**　医師が定期的に訪問し、計画的に診療を行うこと
（例：隔週金曜日の午後３時に訪問）

在宅主治医編 5 複数主治医の場合、主治医意見書を誰に依頼すればいいの？

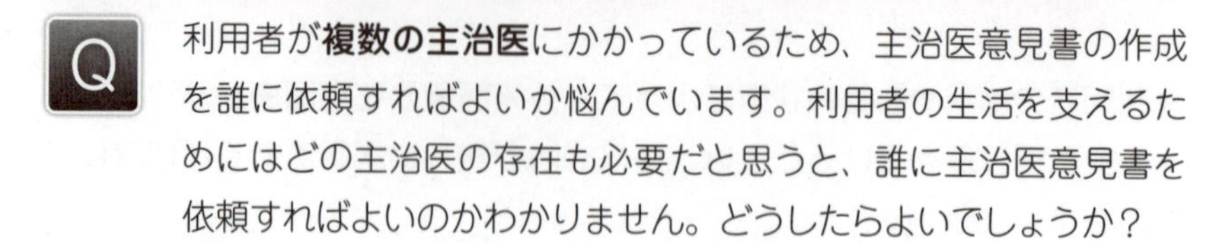

Q

利用者が**複数の主治医**にかかっているため、主治医意見書の作成を誰に依頼すればよいか悩んでいます。利用者の生活を支えるためにはどの主治医の存在も必要だと思うと、誰に主治医意見書を依頼すればよいのかわかりません。どうしたらよいでしょうか？

A

複数の主治医がいて、どの診療科も生活に影響を及ぼす可能性がある場合、要介護認定の主治医意見書の作成をどの主治医に依頼すればよいのか悩みます。どのように考えればよいか、整理してみましょう。

- 複数主治医には、様々なパターンがあります。**同じ病院**の中で複数主治医がいる利用者もいれば、**違う医療機関**に主治医が点在している利用者もいます。
- よくある３つのパターンを示してみました。

A　地域病院の内科＋精神科病院
B　大学病院の消化器外科＋地域の内科クリニック
C　地域中核病院の外来　循環器科＋神経内科＋整形外科

A　地域病院の内科＋精神科病院

それぞれ別の医療機関なので、情報共有の難しさがあります。
全身状態を診てくれる内科の医師と精神科の医師の場合、より生活に影響がある疾患を診ている主治医に、主治医意見書の依頼をすることになります。
高血圧や糖尿病など、内科的な疾患が問題であれば、内科医に記載してもらう方がよいでしょう。
一方、認知症や高次脳機能障害からくる周辺症状などが問題の場合は、精神科医に詳しく記載してもらうことで、より正しく要介護認定を受けることもできます。大切なことは、内科と精神科に**双方の医療情報が共有されているか**ということです。ケアマネジャーは、内科と精神科の情報が、主治医意見書を書く医師にきちんと伝わっているかを確認することが大切です。

B　大学病院の消化器外科＋地域の内科クリニック

この場合は、大学病院の消化器外科の医師と、地域の内科クリニックの医師との関係性が影響します。
一般的には、大学病院で行った専門的な精査・加療の内容は、必ずクリニック宛てに情報提供されています。
地域のクリニックに**医療情報が集約**されているはずなので、主治医意見書の作成は内科クリニックが望ましいと考えます。

C　地域中核病院の外来　循環器科＋神経内科＋整形外科

同じ病院内で、複数の診療科にかかる場合は、他の診療科でどのような治療や検査、投薬が行われたかを確認することが可能です。院内の医師同士ですので、情報共有はしやすいかもしれません。まずは、どの疾患が生活に一番影響を及ぼすかを考えて、主治医意見書の依頼先を決めます。**生活の様子を最も理解している医師**に、主治医意見書を依頼するとよいでしょう。ただし、診療科の医師は、必ずしもその病院の常勤医師ではないこともあります。今後の在宅主治医になってもらえるかどうかは、個別に相談することが必要です。

まとめ

- 主治医意見書は、要介護認定の結果を左右する大切な意見書です。医学的立場から、利用者の病状をきちんと伝えてくれる医師に、主治医意見書の作成をお願いしたいところです。
- ケアマネジャーは、利用者の状況を通して、今の時点ではどの医師が主たる医師かを見極める必要があります。その判断根拠については、利用者、家族に説明をしておくことが大切です。
- 複数の医師が在宅かかりつけ医として併存している場合には、やはり「かかりつけ医機能のある在宅主治医」に、主治医意見書をお願いするのが理想でしょう。

在宅主治医編 ❻ サービス担当者会議には、どの主治医を呼べばいいの？

複数の主治医がいる利用者の場合、**サービス担当者会議**にはどの主治医を呼べばいいでしょうか？また、サービス担当者会議に、２人の主治医を呼ぶことはできるのでしょうか？

主治医を交えたサービス担当者会議は、ケアマネジャーにとって調整が難しいケアマネジメントプロセスのひとつといえるでしょう。２人の主治医を呼ぶ目的が重要になります。

- ２人の主治医をサービス担当者会議に呼ぶことは可能です。しかし現実的には２人の主治医の時間を合わせて、サービス担当者会議の日程調整をするのは至難の業です。

- サービス担当者会議で大切なことは、**「開催目的」**と**「情報共有の効果」**です。何のためにサービス担当者会議を開催するのか、互いの情報を共有することでどのような効果が期待できるのかを考えて開催します。

- 開催目的によって、どの主治医を呼ぶかを決めることが必要です。ただし、サービス担当者会議に出席しない主治医の情報は、他の医師や事業者と必ず共有できるようにしておきましょう。

まとめ

- 今後は、在宅主治医と訪問診療を専門に行う医師、訪問歯科医などが一堂に会してサービス担当者会議に出席する場面が増えるかもしれません。
- 主治医をサービス担当者会議に呼ぶ目的と意義が重要です。
- 複数の主治医がもつ「双方の情報をつなぐこと」が、ケアマネジャーの大切な役割といえます。

コラム

2人の主治医とサービス担当者会議を開催

筆者がまだケアマネジャーになりたての頃、1度だけ在宅主治医と精神科病院主治医の合同サービス担当者会議を開催したことがあります。

高齢期うつ病を発症していた77歳独居の利用者、不定愁訴が強く、在宅主治医には「死にたい」を繰り返していました。ところが精神科病院にはきちんと受診したがらず、どうしたら不定愁訴を減らせるだろうかと悩み、在宅主治医に、「精神科病院の主治医に直接会ってほしい」と依頼しました。

サービス担当者会議は、在宅主治医の昼休みの時間を使って、精神科病院で開催することになりました。2人の医師の予定を考えると、往復の移動と会議の時間を含めて50分以内で終わらせなければなりません。他の参加者にも時間厳守をお願いしました。

在宅主治医の午前の診療が終わる頃、車で迎えに行きました。精神科病院には、既に参加者が到着、PSW※が速やかに精神科主治医の元に案内してくれました。会議の開催時間は15分、在宅主治医と精神科主治医が、治療経過や服薬等の情報を報告しあい、その内容を参加者と共有することができました。

帰りの車の中で在宅主治医が、「精神科主治医に会ってよかった」と言ってくれたことをよく覚えています。在宅主治医が快く受けてくれたことで実現した合同サービス担当者会議でした。

残念ながら、後にも先にも合同開催はその1回だけでしたが、とても貴重な経験でした。

※PSW：精神保健福祉士

在宅主治医編 ❼ 「外来診療だけの医師（非在宅医療医）」と「在宅医療医」との連携の相違

在宅主治医には、訪問診療や往診をする医師としない医師がいます。近々、訪問診療が必要になりそうな利用者の在宅主治医が訪問診療を行わない場合、どのように主治医を切り替えたらよいでしょうか？また、連携する際の連携の仕方の違いを教えてください。

利用者が通院できる間は外来診療のみの診療所や病院の医師でもよいのですが、終末期の病状変化などで通院できなくなった場合には訪問診療に切り替えることが必要になります。どのような繋ぎ方ができるでしょうか。

- **非在宅医療医**（外来診療だけの医師）であっても、個別に往診や訪問診療を引き受ける医師もいます。まずは現在の在宅主治医と相談することが必要になります。

- 非在宅医療医の大半は、外来診療を主たる業務としているために、往診や訪問診療を新規で依頼しても断られることが多いようです。

- 利用者や家族にとって在宅主治医の変更は勇気がいることです。まずは、利用者や家族の意向を確認しましょう。現在の在宅主治医が訪問診療をしていないからといって、ケアマネジャーが先行して主治医を切り替えてはいけません。

- 利用者や家族の意向が決まったら、**在宅主治医**に相談しましょう。利用者や家族が直接在宅主治医に相談できる場合は、直接相談してもらいます。ケアマネジャーが相談する場合は、**利用者や家族の意向を確認**している旨をきちんと伝えましょう。

● 在宅主治医の了解が得られたら、**在宅医療医宛ての紹介状（診療情報提供書）を依頼**します。これまでの**治療の経過や服薬内容、利用者や家族の希望など**について、情報提供してもらいましょう。

● 連携の仕方は、訪問診療が始まる前にきちんと確認しておきましょう。医師と直接連絡が取れる場合と、看護師が間に入って連絡を取り合う場合とがあります。

まとめ

● 利用者の病状変化に合わせて、適切な医療機関に繋ぐ支援をすることは、ケアマネジャーの大切な役割です。

● しかし、決めるのはあくまでも**利用者や家族**です。在宅医療医に繋ぐ必要がある場合は、利用者や家族の意向を確認し、必要性についてきちんと説明しましょう。

● ケアマネジャーの仕事は、**マネジメント（調整）**です。非在宅医療医から在宅医療医への円滑な切り替えができるように情報の橋渡しをすることが大切です。

在宅主治医編 ❽ 終末期を支えるチームの主治医との連携

胃癌末期の利用者。在宅で最期を迎えたいという希望があります。今までは、どうにか動けていたので、近所のクリニックに通院をしていましたが、いよいよ動けなくなってきました。そのクリニックからは**「訪問診療はしていない」**と言われてしまい、困っています。今後の在宅主治医をどうすればよいでしょうか？

利用者のADLが変化し、動けなくなってきた時に、必ず在宅主治医の問題がでてきます。今まで診てくれていた主治医に訪問診療や往診をしてほしいと依頼しても、「訪問診療はしていない」といわれることもよくあることです。ケアマネジャーはどのように対応すればよいでしょうか。

- 外来診療と訪問診療の両立は、開業医にとってかなり大変なことです。病院の主治医であれば、なおさら難しいでしょう。

- 「最期は自宅で」と望む利用者や家族の希望を叶えるためには、**「かかりつけ医機能を持つ在宅主治医」**の存在は欠かせません。まずは、地域で訪問診療をしている**「在宅医療医」**（P44参照）を探すことから始めましょう。

- 在宅医療医を探すには、まず利用者の担当地域の地域包括支援センターや、在宅療養支援窓口に相談してみましょう。また、訪問看護事業所や地域の医師会に問い合わせるという手段もあります。

- 依頼する際は、**「在宅看取りを希望している」**と伝え、在宅で死亡した場合に**死亡診断書**を書いてくれるかを確認しましょう。

- 「在宅で死亡した場合に、死亡診断書を書いてもらえますか？」と、医師に確認するのは、現状では**「訪問看護師」**が多いようです。もちろん、ケアマネジャーが医師に「死亡診断書を書いてもらえますか？」と確認してもかまいません。

まとめ

- どの医師に訪問診療を依頼するかは、利用者にとってもケアマネジャーにとっても重要です。特に在宅看取りを希望する場合には、ケアマネジャーは利用者や家族の意向を医師に伝える大切な役割を担っています。

- そのためにも、ケアマネジャーは、医師の特徴をつかんでおくことが重要です。どのような考えを持っている医師かによって、終末期の対応も変わるからです。

- ケアマネジャーは、どうすれば医師とチームが組めるかを考えながら動く必要があります。利用者の意思をきちんと伝え、主治医とチームが組めるよう努力しましょう。

- 在宅主治医に「在宅で死亡した場合に死亡診断書を書いてもらえますか？」と確認できるケアマネジャーになる必要があります。そのためには、在宅主治医との関係性の構築や医師の人となりのアセスメント（評価）の蓄積が重要です。

コラム

うれしかったエピソード　その1

入門編（P46）で登場した、１人暮らしのKさんの最期のエピソード。

多発性硬化症で全身の痛みを抱えながらも、訪問歯科診療で「とんかつ」が食べられるようになり、リハビリも頑張っていたKさん。しかし、徐々に心身機能は低下していきました。

度々熱を出すようになり、訪問診療医からは、「入院しますか？」と、何度も言われていました。それでも、「二度と入院はしない」というKさん。その意思は固く、遠方に住む娘さんは、不安で揺れる気持ちを、徐々に「覚悟」に変えていきました。

体調が悪い時のKさんは娘さんの顔をみると、娘さんには「もうあかん、助けてくれ、ありがとう、さようなら」、かなりしんどい時は「殺してくれ」などと言っていたとのことでした。

ところが、その日は高熱でとても辛そうだったので、「もうあかん？」と娘さんが聞くと、「あかんことない。」と答えたそうです。Kさんが「心配か？」と言うので、娘さんが「心配だよ。」と答えたところ「大丈夫だ。心配せんでいい。」と言ったそうです。
娘さんは「いつもの父親と違う…」と直感。娘さんが見守る中、２時間後、静かに息を引き取りました。

最期の瞬間まで、娘さんを気遣っていたKさん。娘さんは、Kさんの顔や身体をさすりながら、「お父さん、ありがとう。よく頑張ったね。」と、感謝の気持ちを伝えることができたそうです。

遠方に住む娘さん、ケアマネジャー、在宅主治医、在宅チームで意思統一を図り、それは見事な連携プレーで、Kさんの1人暮らしを支えきりました。

葬儀後、ケアマネジャーや在宅チームがKさん宅に集合。Kさんが好きだったお寿司を囲んで、Kさんを偲(しの)ぶ会を開きました。15年も関わっていたのに、知らないエピソードが出てきて、みんなで泣いたり笑ったり。娘さんともたくさんお話ができました。

Kさんが亡くなる前、最後に食べた食事は、なんと大好きな「とんかつ」と「うどん」だったそうです。

そして娘さんから、こんなうれしい言葉をいただきました。
「父は、いつも言っていました。病気になったことは悲しく残念だけれど、素晴らしい人達と出会えたことはラッキーだった」と。
これには、一同涙が止まりませんでした。

今も娘さんとは連絡をとりあい、時々、お会いしています。
Kさんが繋いでくれた御縁を、これからも大切にしていきたいと思っています。

在宅主治医編 9 在宅主治医（外来診療のみ）から在宅専門医へ繋ぐ時どうするか

在宅療養を続けていた利用者が、脳梗塞の再発で緊急入院しました。一命は取り留めましたが、ADLはかなり低下してしまいました。これまで診療所に通院をしていましたが、退院後の通院は難しそうです。**訪問診療の専門医**へ変更を考えていますが、どのようなことに気を付ければよいでしょうか？

入院をきっかけにADLが低下したり、終末期の状態になった場合、入院前の診療所には戻せない場合があります。退院後、訪問診療や往診に切り替える際、ケアマネジャーとして気を付けることは何でしょうか。

- まず、入院先の病院主治医やMSWに、**病状の確認**と**退院後の医療体制**について、相談してみましょう。
- 今までと同様に、通院が可能であれば、在宅主治医に戻すのが一般的です。しかし、退院後の通院が難しい場合は、訪問診療に切り替える必要があります。
- もし、在宅主治医が訪問診療ができない場合は、入院先の病院から訪問診療医を紹介してもらいましょう。

まとめ

- 入院中は、病院医師が主治医です。しかし退院後には**入院前の在宅主治医に主治医が移行する**のが一般的です。
- しかし、在宅主治医側の状況によっては、訪問診療が難しい場合もあります。在宅主治医の訪問診療が難しい場合は、病院から在宅医療医を紹介してもらうようにしましょう。

● ケアマネジャーは、利用者の病状を確認し、訪問診療に切り替える必要がある場合は、早めに調整することが必要です。病院には長く入院できないため、1日でも早い退院調整が望まれます。

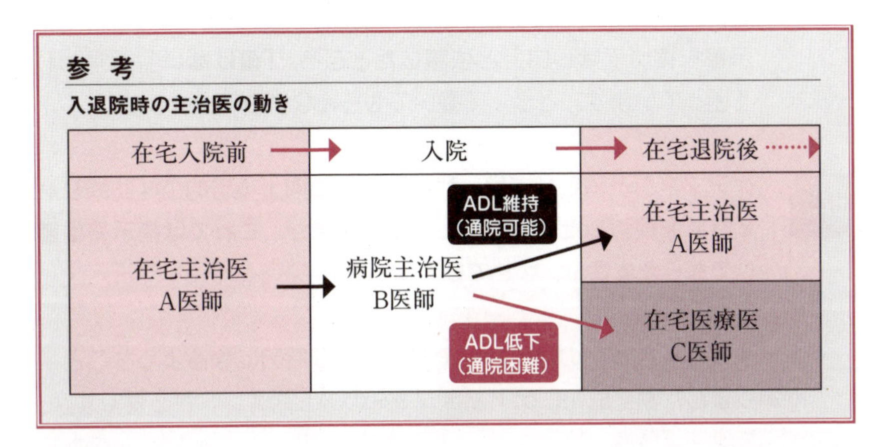

コラム

訪問看護師は見た！困ったケアマネジャー　その5

末期がん、余命2週間の利用者さんの担当ケアマネジャー。

利用者の家族が、「本人がお風呂に入りたいと言っているので、何とか入れてあげたいんです」と相談したところ、「入れます！入れます！」と、なんとシャワーチェアーを購入することに。

結局、一度も使用することなく、お亡くなりになりました…。

ケアマネさん、「余命2週間」の利用者さんですよ。お風呂に入りたい希望をかなえる方法、他にありますよね…？

訪問リハビリテーション

80歳、要介護1の利用者。1年前に**くも膜下出血**発症。ADLはほぼ自立まで改善しました。退院後は、入院していた地域病院の脳外科外来に2か月に1回、経過観察のため通院していました。
ところが、ここ1〜2か月で急激にADLが低下し、歩けなくなってしまいました。病院の主治医に、「訪問リハビリを入れたいので指示書を書いてほしい」と依頼したところ、**「書けない」**と言われて困っています。どうして書いてもらえないのでしょうか？

ケアマネジャーとしては、利用者のADL向上の目的で「訪問リハビリ」を検討したのだろうと推察しますが、これでは指示書は書いてもらえません。なぜでしょうか。

- 急に歩けなくなったのは、なぜですか？何か原因になるようなことがありましたか？最初にケアマネジャーのアセスメントが必要です。

- 次に、いきなり「訪問リハビリの指示書」を依頼するのはNGです。まずケアマネジャーがするべきことは、病院の主治医に対し、急に歩けなくなっている**「状況の報告」**と**「対応方法の相談」**です。

- 訪問リハビリを考える前に、利用者が歩けない状況になっている**「原因を探ること」**が先です。「訪問リハビリ」の必要性の判断は、その次です。

- 歩けなくなっている原因によっては、いきなり訪問リハビリを開始すると、かえって状態を悪化させることに繋がる可能性もあります。

まとめ

- ケアマネジャーがまず先にするべきことは、「歩けない」という状態になっている原因を分析するための情報収集です。

- この事例の場合、**リハビリの必要性を判断するのは病院の主治医**です。もし新たな疾患を発症している場合は、治療を優先しなければならないからです。

- 「外来リハビリ」、「入院リハビリ」、「訪問リハビリ」の判断は、病院の主治医の診断の後です。ケアマネジャーがするべきことは、現在の状況について、病院の主治医に「情報提供すること」です。

コラム

訪問看護師は見た！困ったケアマネジャー　その6

利用者が要望を言っても聞く耳持たず、お説教で返すケアマネさん。「それはダメ」「危ないからやめたほうがいい」と、ことごとく利用者の意欲をつぶしてばかり。訪問看護で入ると、利用者と家族から、「ケアマネさんがね…」と愚痴を聞かされます。

その一方で、知らぬ間にサービスが増えていたり、サービス提供票が送付されてこなかったり…。

どんなケアマネジャーと出会うかで、利用者の人生が変わります。せめて**「利用者の意欲」**は、つぶさないでほしいなあ…。

2　歯科医

歯科医編 1　嚥下機能評価をしてほしい場合、訪問歯科を依頼していいの？

Q　お茶や味噌汁を飲むと、**むせこむ**利用者がいます。飲み込むまでに時間もかかります。２年前に、誤嚥性肺炎も患っていて心配です。受診を考えていますが、要介護5で寝たきりのため、連れ出すことが大変です。以前、**訪問歯科診療**で**嚥下機能評価**をしてくれると聞きました。直接、訪問歯科を依頼してよいのでしょうか？

A　**高齢になると、飲み込みにくくなること、いわゆる「嚥下機能の低下」が起こりやすくなります。ケアマネジャーとしては、家族から相談された場合に、どのように対応すればよいのでしょうか。**

- 嚥下機能の低下が起こると、汁物だけでなく、自分の唾液でも誤嚥する場合があります。
- 「むせる」ということは、気管に入ったものを外へ押し出そうとする力があるということです。ところが、機能が低下することで、押し出す力が弱くなり、「誤嚥性肺炎」を起こしてしまいます。
- 嚥下機能評価は、病院の内科や耳鼻咽喉科だけでなく、歯科医院などで行うことができます。**医科と歯科の連携が必要**な場合もあります。ただし、嚥下機能評価は、どこの病院や歯科医院でもできるわけではありません。基本的な検査のほか、嚥下造影検査など、レントゲンを使った詳細な検査を行う体制が必要です。
- 同じ患者でも、日によって時間によって、飲み込み具合は変わります。24時間の嚥下評価ができるわけではないので、評価だけで「嚥下が難しい」と判断し過ぎないようにしましょう。
- ケアマネジャーだけで判断せず、まずは**在宅主治医に現状報告と相談**が必要です。

まとめ

- ケアマネジャーは、利用者の嚥下や口腔内のアセスメントを行い、むせこみの強さや、飲み込みにくさを確認したら、まず**在宅主治医に相談**しましょう。ケアマネジャーのアセスメント結果を伝え、改善方法について検討してもらいます。
- **かかりつけ歯科医**がいる場合は、相談してみるのもひとつの方法です。また、地域の歯科医師会に相談すると、嚥下機能評価が可能な歯科を紹介してくれる場合もあります。
- 嚥下機能評価の必要性が判断されると、どの医療機関に相談すればよいか、在宅主治医から提案されることもあります。嚥下機能評価が可能な病院や歯科医師の情報を知りたい時には、地域の**在宅療養支援窓口に相談**してみてください。

参　考

東京都内の嚥下障害に対応可能な医療機関

東京摂食嚥下研究会ホームページにリストが掲載されています。

東京摂食嚥下研究会　で　検索

嚥下に関する情報整理

嚥下評価の仕方	嚥下造影検査、嚥下内視鏡検査、問診、聴診
嚥下機能評価をする職種	医師（内科、老年内科、リハビリ科、耳鼻咽喉科など）、歯科医師
嚥下機能訓練を担う職種	言語聴覚士
嚥下機能に関わる職種	歯科衛生士、看護師、介護士、栄養士

歯科医編 ❷ 認知症の口腔ケア

Q 認知症重度の利用者に口腔ケアができなくて困っています。炎症からか、時々歯茎から出血し、口臭もかなり強いです。家族が歯磨きをしようとすると、興奮して手が付けられません。認知症の方に対応できる歯科はありますか？

A **認知症の方の場合、記憶力や理解力、判断力の低下などで、意図が伝わらないことが多くなります。「歯磨き」「うがい」という言葉と、実際に「歯を磨く」「うがいをする」という行為が結びつかないこともあるでしょう。**

- 認知症の方だけでなく、口の中を見られるのは、本来恥ずかしいものです。また、人には防衛本能があるため、口の中を見せる相手を信頼できないと、より**不安**が強くなるかもしれません。

- まずは、認知症の利用者を**安心**させることが大切です。
口腔ケアを行う際の基本姿勢としては、次の４つがポイントです。

①信頼関係を作る
②無理強いしない
③苦痛は少なく
④気持ち良さを大切に

- **かかりつけ歯科医**がいる場合は、まずかかりつけ歯科医に相談してみましょう。通院が難しい場合は、訪問歯科診療の対応をしてくれるかもしれません。

- かかりつけ歯科医がいない場合や、急を要する場合には、地区歯科医師会や在宅療養支援窓口に相談してみるとよいでしょう。状況に応じて、一緒に歯科医師を探してくれます。

- 訪問歯科診療をしている地域の歯科医に繋がっておけると安心です。また、地区歯科医師会では訪問歯科検診を行っているところもあります。歯科医に繋ぐきっかけになるかもしれません。

- ただし、高齢者に多い口腔内のトラブルは一般的には、う歯(虫歯)や歯周病、義歯調整不良などですが、歯肉癌や口腔癌、舌癌などの可能性もあります。必ず在宅主治医にも報告しておきましょう。

まとめ

- 口腔ケアに抵抗感が強い場合は、利用者のペースに合わせながら、時間帯を変えて試みることも大切です。利用者が**安心できるコミュニケーション**の取り方も重要です。

- 東京都をはじめ、歯科医師向けに「歯科医師認知症対応力向上研修」を実施している都道府県が増えています。

- ケアマネジャーは、**「かかりつけ歯科医」**を持つよう利用者や家族に勧めましょう。誤嚥性肺炎の予防や口腔内の疾患を早期に発見するためにも、信頼できる歯科医師と繋がっておくことが大切です。

3　薬剤師・栄養士

薬剤師・栄養士編 ❶ 薬剤師との連携方法

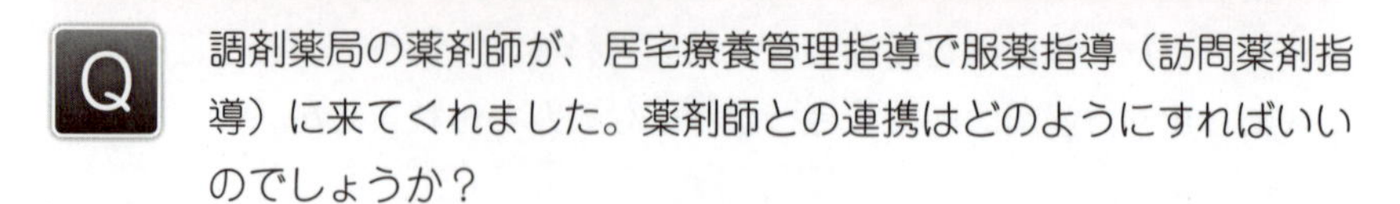

Q 調剤薬局の薬剤師が、居宅療養管理指導で服薬指導（訪問薬剤指導）に来てくれました。薬剤師との連携はどのようにすればいいのでしょうか？

A **居宅療養管理指導による服薬指導は、利用者の暮らしを支える医療の1つとして大変重要です。ケアマネジャーの医療連携においても、薬剤師との連携や医師と薬剤師の連携は、重要な課題です。**

- 高齢者の多くは、複数の疾患を抱え、たくさんの薬を飲んでいます。高血圧や糖尿病の薬、整形外科からは膝や腰の痛み止め、眠れないからと睡眠導入剤等々。その結果、**多剤併用（ポリファーマシー）**になっていることも多いようです。

- 多剤併用（ポリファーマシー）とは、薬の種類や数そのものが多いという捉え方もありますが、**「必要以上に多くの薬を併用している状態」**と捉えることもできます。

- 処方された薬を、きちんと指示通りに飲んでいないことを**「服薬コンプライアンスが悪い」**といいます。利用者は、きちんと処方通りに薬を飲んでいますか？例えば、高血圧症、糖尿病などは、服薬コンプライアンスが重要となる慢性疾患といえます。

- 利用者や家族が、「何の薬か、なぜ飲まなくてはいけないのか、飲まないとどうなるのか」など、薬を飲む**必要性や重要性**を知ることが大切です。しかし、高齢者は医師の説明だけで、その必要性や重要性を理解することが難しいことがあります。

- そのため、薬剤師による居宅療養管理指導は、大変重要な役割を果たしているといえます。

まとめ

- ケアマネジャーの調整によって、薬剤師による居宅療養管理指導をケアプランに位置付けることは、大変重要なアプローチです。

- 薬の管理は、高齢者の病状管理に直結します。薬が多過ぎて体調を崩すこともあれば、必要な薬をきちんと服薬できていないことで、**病状を悪化させることもある**からです。本当に必要な薬をきちんと服薬できるようにすることが大切です。

- ケアマネジャーと薬剤師との連携は、ケアマネジメントにおいて大変重要です。まずは、利用者が処方を受ける調剤薬局を確認しましょう。そして、利用者の担当ケアマネジャーであることを薬剤師に伝え、いつでも薬の相談ができる体制を整えておきましょう。

コラム

薬剤師からケアマネジャーへのメッセージ　その1

○薬剤師と仲良くなってください！

薬剤師は、利用者の暮らしを支える「薬の専門家」です。

時々、「真面目で大人しい」「引っ込み思案」「プライドが高い」などなど、いろいろ言われますが、実は、医療関係者ではない人とお話をするのは得意なんですよ。

特に、薬局薬剤師の仕事は、薬や疾患の知識を持って患者さん（市民）とお話をすることです。でも、患者さんの介護や生活の状況がよくわからないことも多いのです。だからこそ、ケアマネジャーの皆さんから、「生活」のことを教えてほしいと思っています。

薬剤師・栄養士編 ❷ かかりつけ薬局、かかりつけ薬剤師

最近、**「かかりつけ薬局」「かかりつけ薬剤師」**という言葉を聞くようになりました。どのような制度なのでしょうか？

「かかりつけ」という言葉は、どのような意味を持つのでしょうか。ケアマネジャーとして、「かかりつけ薬局」「かかりつけ薬剤師」の目的や役割を理解しておきましょう。

- 薬局は、薬のことだけでなく、健康のことについても相談できる**心強い味方**です。顔なじみの薬剤師がいて、普段から何でも相談できる「かかりつけ薬局」の存在は、**利用者の安心**に繋がります。

- 高齢者の場合、いろいろな医療機関を受診していることが多く、その都度、違う薬局でお薬をもらうこともあります。

- 処方箋を持参すれば、全国どこの調剤薬局でも処方が可能ですが、「かかりつけ薬局」を1か所に決めておくことで、複数の医療機関から出された薬の情報を、**一元管理**することができます。

- かかりつけ薬局で薬をまとめて管理することで、複数の医療機関から同じ薬が処方されていることに気づいたり、注意を必要とする飲み合わせの作用が起きるのを防いだりすることに繋がります。

- **「かかりつけ薬剤師」は**、平成28年４月からスタートした新たな制度です。患者が薬剤師を指名できる制度で、**「薬の専属パートナー」**といえます。ただし、**「かかりつけ薬剤師指名料」**が必要です。

かかりつけ薬剤師の条件

- **薬剤師として薬局での勤務経験が3年以上**
- **その薬局に週32時間以上勤め、かつ半年以上在籍している**
- **医療に関する地域活動に参画している**
- **薬剤師研修認定等を取得している**（日本薬剤師会ホームページ）

かかりつけ薬剤師を指名するメリットは、
①同じ薬剤師が全ての処方薬や市販薬を管理、
②薬の効果や体調管理を継続的にサポート、
③夜間・休日などいつでも相談できる、などです。

まとめ

- 利用者が複数の医療機関を受診している場合は、かかりつけ薬局を決めることを提案してみましょう。薬の相談窓口が１か所になり、相談しやすくなります。
- **「お薬手帳」**を何冊も持っている高齢者がいます。かかりつけ薬局を１か所に決めておくことで、お薬手帳の管理にも繋がります。
- かかりつけ薬剤師は、**「顔なじみの薬剤師」**として、利用者の安心に繋がります。利用者や家族とよく相談して、かかりつけ薬剤師を持つことも検討してみてください。

コラム

薬剤師からケアマネジャーへのメッセージ　その2

○薬剤師を上手に活用してください！

薬剤師は、暮らしの中の身近な医療職です。地域の薬局やドラッグストアなどで、たくさんの薬剤師が働いています。

介護保険を利用している方の多くは、薬を飲んでいます。薬と暮らしは切っても切れない関係です。ケアマネさんのケアプランの中に、ぜひ「薬剤師の役割」を入れてください。

コラム

薬剤師からケアマネジャーへのメッセージ その3

在宅療養中の利用者さんは、薬を服用している割合がかなり高いと思います。その割には、ケアマネジャーさんから薬に関する相談が来ることはそれほど多くない気がしています。

私達薬剤師も、もっとケアマネジャーと話をしやすい雰囲気をつくる努力が必要だと思っています。ケアマネジャーの皆さんも、利用者さんの付添いなどで、調剤薬局に立ち寄ることがあったら、「○○さんのケアマネジャーです。」と、事業所名とお名前を名乗っていただけると助かります。その一言から、「○○さんの薬の内容が変わりました」「飲み方で困っていることはないですか？」など、薬剤師も話しやすくなります。ぜひ、気軽に声をかけてみてください。

参　考

高齢者の方と介護なさる方へ「くすり」を正しく使用していただくために（くすりの適正使用協議会）

以下のホームページでダウンロードすることができます。
https://www.rad-ar.or.jp/material/index.html

コラム

薬剤師は見た！困ったケアマネジャー

「糖尿病のご主人と、軽度認知症の奥様」の両方を担当しているケアマネジャーから訪問薬剤指導の依頼が来ました。

まずは、「ご主人の糖尿病の服薬指導」での介入開始となりました。

訪問薬剤指導に入って１か月を過ぎた頃、奥様の認知機能の低下に気付きました。ケアマネジャーに連絡をしたところ、「実は、訪問介護員からも奥様がうまく薬が飲めていないと報告があったんです。お薬カレンダーにセットしても忘れてしまうみたいで…」とのこと。

なぜ、その情報が分かった時点で、薬剤師に服薬指導の依頼をしてくれなかったのでしょうか。

せっかくご主人の訪問薬剤指導で関わっているのだから、もっと早く情報をもらえれば良かったのに…残念です。

薬剤師・栄養士編 ❸ 栄養アセスメントの視点

83歳の利用者、要介護1で1人暮らしです。1年前に夫を亡くした後、徐々に足腰が弱くなり、買い物や調理が難しくなってきました。栄養確保のため、週6日、昼の配食サービスを入れたケアプランを作成しました。朝と夜は、訪問介護員が買ってきた食材で簡単なものをつくるからよいとのことでした。ところが、近所のクリニックを受診した際、検査の結果**「低栄養」**の診断でした。3食きちんと食べていると聞いていたのですが…。

在宅で暮らす高齢者にとって、栄養アセスメントの視点は欠かせません。高齢になると、生活の中で、フレイル（P110）や低栄養などに陥りやすい状況が起こります。ケアマネジャーとして、どのような点に気を付ければよいでしょうか。

- 「食事の確保＝配食サービス」と考えがちですが、在宅高齢者の場合、単に食事の確保だけでよいでしょうか。

- 配食サービスを利用する高齢者の中には、配食の弁当を、昼と夜の2回に分けて食べたり、翌日の朝の3回に分けて食べている人もいるようです。また、配食業者によっては、高齢者には向かない食材が入っているものもあります。

- **「高齢者の孤食」**も問題です。この事例のように、夫を亡くした後の生活は、どのような状態だったのでしょうか？
「足腰の弱り」から食事を作るのが大変、朝晩は簡単に済ませる、経済的理由で肉や魚は買わないなど、高齢者の栄養には、**「何を、どのように、誰と、いつ、どのくらい食べているか」**の課題が潜んでいます。

- 高齢者の中には、肥満やコレステロール値を気にして、あえて肉類、卵、乳製品を控える方もいます。

- 一方で、入れ歯や歯周病などで、肉や固い物が食べられない方もいます。柔らかい物中心の食事になることで、必要なエネルギーやたんぱく質が不足し、体重減少にも繋がります。

まとめ

- ケアマネジャーは、利用者の栄養状態をアセスメントする際、単に「食事の状態」だけではなく、生活の中で栄養がどのように確保されているかの視点が必要です。
- 生活環境や身体機能の低下、精神面など、様々な要素が絡み合って、食欲の低下を引き起こします。偏った食事、食事量の低下、体重の減少、その結果、低栄養という悪循環に繋がることを理解しておきましょう。
- 栄養面に関する情報は、意外と見落されがちです。利用者の栄養面に不安がある場合は、できるだけ早く管理栄養士による居宅療養管理指導（訪問栄養食事指導）の導入を考えることが必要です。

コラム

薬剤師からケアマネジャーへのメッセージ その4

利用者さんの状況で、気になることや変化があった時は、ぜひ教えてください。そして、主治医への相談で困っていることがあったら、薬剤師に相談してみてください。薬剤師は、処方箋を通じて医師と常にコミュニケーションを図っている職種です。もしかしたら、薬剤師から主治医へアプローチすることができるかもしれません。

訪問栄養食事指導

利用者の栄養状態が気になるため、居宅療養管理指導で訪問栄養食事指導（以下、訪問栄養指導）を入れたいと考えています。しかし、地域には、在宅高齢者の訪問栄養指導を依頼できるところがありません。病院の管理栄養士には、その病院を利用している利用者のことは相談できますが、訪問栄養指導までは実施していない病院が多いようです。訪問栄養指導の仕組みもわかりにくく、どこに相談すればよいでしょうか？

訪問栄養指導は、これからの在宅高齢者の暮らしになくてはならないものです。しかし、ケアマネジャーはニーズを捉えきれておらず、訪問栄養指導をしてくれる管理栄養士の存在もわかりにくいのが現状です。

- 訪問栄養指導には、２種類あります。介護保険の**「居宅療養管理指導」**、医療保険の**「在宅患者訪問栄養指導」**です。

- いずれも、都道府県の指定を受けている病院や診療所において実施できます。ただし、全ての保険医療機関で訪問栄養指導を行えるわけではないので、注意しましょう。

- 管理栄養士や栄養士が、地域や医療機関に対して栄養支援を行う拠点として、平成20年４月から、各都道府県栄養士会に**「栄養ケア・ステーション」**が設置されました。栄養ケアを、地域住民の日常生活の場で実施提供する仕組みとそのための拠点として期待されています。

まとめ

- 訪問栄養指導を行う制度上の仕組みはあるのですが、実際にはケアマネジャー自身がよく知らないという現状もあります。自分の地域の訪問栄養指導の情報を確認しておきましょう。

- 栄養に関してよくわからない場合は、**都道府県栄養士会**に相談してみましょう。訪問栄養指導ができる管理栄養士や栄養ケア・ステーションの情報などが得られるでしょう。

参　考

「地域における訪問栄養食事指導ガイド（管理栄養士によるコミュニティワーク）」

訪問栄養指導の仕組みや、栄養ケア・ステーション、実際の指導事例などが日本栄養士会のホームページに掲載されています。参考にしてください。

地域における訪問栄養食事指導ガイド　で　検索

コラム　生きる意欲を引き出す訪問栄養指導

筆者がケアマネジャー時代、訪問栄養指導を依頼した管理栄養士は、利用者宅へ行ってもすぐに栄養指導はしませんでした。他愛もない会話の中で、まずは利用者の台所に立たせてもらうこと、冷蔵庫の中を見せてもらうことから栄養アセスメントを始めました。難しい専門用語やデータの説明などは一切ありません。

ある日の訪問栄養指導に同行すると、冷蔵庫の食材を使って利用者と管理栄養士が一緒に調理をして、ケアマネジャーの筆者に肉じゃがをふるまってくれました。その時の利用者の嬉しそうな笑顔は今でも鮮明に覚えています。まさに「生きる意欲を引き出す訪問栄養指導」だと感じました。

2 入院医療編

1 病院主治医

病院主治医編 1 病院主治医が在宅のことを理解してくれない

Q 脳梗塞で入院中の80歳代利用者。後遺症あり。病院主治医は、地域の一般病院の脳外科医で、主治医意見書も書いてくれています。退院に向けて準備をする上で、在宅の状況について主治医に話をしたいのですが、利用者の在宅の情報には興味がないのか、ケアマネジャーと会ってくれません。どうしたらよいでしょうか？

A **病院にはいろいろな医師がいます。大別すると内科系の医師と外科系の医師に分かれます。特に外科系の医師とのコミュニケーションがうまく取れないという話をよく聞きます。**

- 筆者の経験上も、病院主治医の場合、内科系の医師より外科系の医師の方が、会話のスピードが速く、生活のことにはあまり興味を示してくれない医師が多かったように感じます。
- それは、外科系の医師の特徴であると理解しています。外科的技術をもって命を助ける仕事をしているため、手術や治療に意識が集中している外科医の特徴だと考えます。
- 外科系の医師の多くは、「命は責任を持って助けるから、退院後の諸々の調整は、看護師やMSWなどがやってほしい。」というのが本音ではないかと思います。

まとめ

- 特に外科系の医師が病院主治医の場合は、医師と直接話すべきことを整理し、最小限のアプローチで済むように準備をしましょう。

- 内科系・外科系を問わず入院中の病院主治医が、退院後も引き続き外来主治医になる場合は、退院後にあらためて様子を伝え、少しずつ信頼関係をつくっていけるように働きかけましょう。

- 退院に向けた準備の状況は、看護師やMSWなどに適宜報告し、看護師やMSWから病院主治医に伝えてもらうよう協力を得ておくことが大切です。看護師やMSWは、個々の医師の特徴を熟知していますので、アプローチの方法などアドバイスをもらえるかもしれません。

コラム

かかりつけ医からケアマネジャーへのメッセージ

「大きい病院に行けば何か解決する」、と思っているケアマネジャーが、まだまだ多くいるようです。
病院は「治療」をするところなので、受診や入院をすれば治療が始まります。大学病院のような大きい病院に行けば行くほど、高度な治療や専門的な検査が行われます。

ケアマネジャーが関わる要介護高齢者の多くは、80歳代、90歳代です。治療や検査は、患者にとっては大変な苦痛や労力を伴います。検査そのものが「リスク」になることもあります。ケアマネジャーの皆さんは、そこを理解されていますか？

「老衰」は、大きい病院に行くと治るのでしょうか？大きい病院で治療を受ければ寿命が120歳まで延びるのでしょうか？高齢者が大きい病院に行くことのメリットとデメリットをきちんと考えておきましょう。

病院主治医編 ❷ 病院と在宅の捉え方の相違

在宅で担当していた60歳代の利用者が、**てんかん発作**を発症し入院しました。病院主治医（てんかん専門医）による治療が進み、**退院前カンファレンス**が行われました。ケアマネジャーとして、退院後の在宅主治医について相談したところ、「一般内科の医師でよい」と言われました。また発作が出た時に心配なので、てんかんの専門医や神経内科医を探したほうがいいと思うのですが…。

てんかん発作については、まだまだ知識や情報不足、誤った理解がある場合があります。ケアマネジャーとしてしなければならないことは何でしょうか。

- てんかんには、いろいろな種類があります。大きく分けると、原因がわかっている**「症候性てんかん」**と、原因がわからない**「潜因性てんかん」「突発性てんかん」**などがあります。

- 高齢者の場合、脳梗塞や脳出血などの脳の疾患が原因で、てんかんを発症する場合が多いようです。

- ケアマネジャーとしては、大きな発作がいつ起こるかわからない不安があるため、退院に向けて「てんかん専門医」を探したい気持ちはわかります。

- しかし、病院主治医は、「一般内科医でよい」と言っています。なぜ一般内科医でよいと言っているかを、きちんと理解する必要があるでしょう。

まとめ

- この事例では、病院主治医が「在宅主治医はてんかん専門医ではなくてよい」と判断しています。まずは、その**方針に沿って**退院調整を進めることが必要です。

- ケアマネジャーのするべきことは、暮らしを支えてくれる**在宅主治医を見つける**ことです。そして、在宅主治医と病院主治医（てんかん専門医）を繋ぐことです。

- ケアマネジャーの不安は、利用者や家族にも伝わります。**一番不安なのは利用者本人**であることを理解し、余計な不安を与えないよう、冷静に対応しましょう。

- てんかんの二次的な症状としては、**不安**、**絶望**、**消極**、**孤立**などがあります。これらは、うつ病などの精神的な問題を引き起こす可能性があります。利用者が安心して退院できるよう、心理的な負担をかけないよう配慮することが大切です。

参　考

あなたの周りにてんかんのある人がいたら、次のことをはじめに覚えてください。

1. 気を落ち着かせ、冷静になりましょう
2. 騒ぎ立てないようにしましょう
3. すぐに救急車を呼ぶ必要はありません

(日本てんかん協会ホームページより)

2　MSW、退院調整看護師

MSW編 ❶ MSW、退院調整看護師との連携

Q

急性期病院に入院中の70歳代利用者。末期がんで余命3か月。**在宅緩和ケア**を希望され、病院のMSWから、居宅介護支援の依頼を受けました。**退院前カンファレンス**では、退院後の在宅主治医、訪問看護、福祉用具事業者が既に決定済みでした。「ケアマネさん、後はケアプラン作成をお願いします。」と言われ困惑しています。最近は、在宅サービスの調整まで病院側で行うようになったのでしょうか？ケアマネジャーのアセスメントは必要ないのでしょうか？

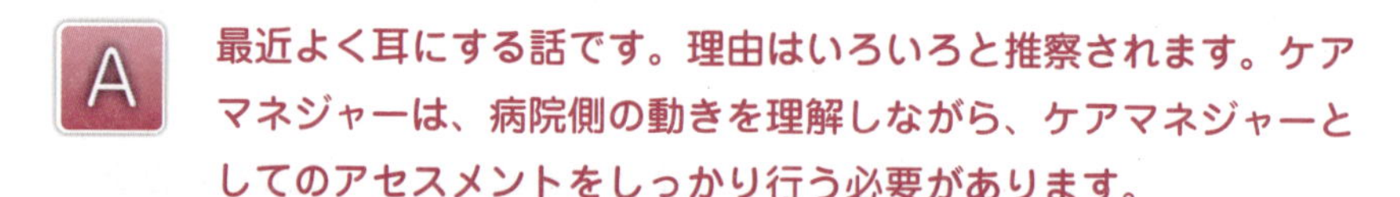

A

最近よく耳にする話です。理由はいろいろと推察されます。ケアマネジャーは、病院側の動きを理解しながら、ケアマネジャーとしてのアセスメントをしっかり行う必要があります。

- 病院では、医師、看護師、MSW等、チームで退院支援を行っています。**「自宅退院」**の方針が決まると、ケアマネジャーに依頼がきます。
- 依頼を受けたケアマネジャーは、MSW等と連携しながら、在宅の受け入れ体制を整えます。まずは病棟で患者や家族と会い、アセスメントを行い、退院後の希望を確認しながらケアプラン原案を作成します。
- しかし、この事例ではMSWとケアマネジャーが事前に連携することなく、退院後の在宅サービスが既に調整され、退院前カンファレンスで報告されたという状況になっています。
- これには、「早期退院」が求められる病院側の事情もありそうです。これまでの退院調整のスピードでは間に合わない状況が起こっていると推察します。

●最近では、病棟や地域医療連携室等に専従の退院調整看護師やMSWを配置する病院が増えてきました。介護サービスの調整も含め、よりスピーディーな退院調整が求められているといえます。

まとめ

- 患者や利用者にとって、病院は生活の場ではありません。1日も早く元の暮らしに戻るための**「退院支援」**と、患者や利用者の「1分1秒」を大事にした迅速な**「退院調整」**が求められています。
- しかし、スピードに気を取られすぎて、**雑な退院調整**になってはいけません。ケアマネジャーは、在宅準備に必要な期間について病院側と相談しながら進めましょう。
- 介護サービスが先に調整された場合でも、ケアプランに位置付けるためには、必ずケアマネジャーのアセスメントが必要になります。退院調整看護師やMSW等にも伝えておきましょう。

コラム

MSWがうれしく思うこと

本人や家族の思いをケアマネさんと共有できたと感じる時は、本当にうれしいです。特に、急性期の病院ではスピードを求められるため、ケアマネさんに無理な退院調整をお願いすることもあると思います。それでも、患者さんが「家に帰りたい」と言った時に、病院側のスピードに合わせて退院調整に協力してくれるケアマネさんとは、病院と在宅チームが一緒に動いているなと実感できます。

MSW編 ❷ 入院の必要性の判断

要介護１の母親（80歳代）と、脳梗塞の後遺症で要介護３の娘（60歳代）の２人暮らし。娘は元々引きこもりのため、主介護者は母親です。ケアマネジャーは母娘２人を担当しています。**３週間前**、母親が骨折で緊急入院。娘１人では食事の仕度ができず痩せてきています。しかし、娘はあらゆるサービス利用を拒否しています。急遽、かかりつけ病院のMSWに相談し、入院調整をしてもらいました。しかし、MSWからは**「社会的入院ですね。」**と怪訝そうに言われてしまいました。

ケアマネジャーは、痩せてきている娘を心配し、かかりつけ病院に入院相談をしたのでしょう。しかし、なぜMSWから「社会的入院」と言われてしまったのか考えてみましょう。

- 要介護３の娘が独居になったのは**３週間前**です。母親が入院した時点で、娘の**生活がどのように変化するか**を予測していましたか？
- 主介護者である母親は、高齢で要介護１です。母親の急な体調変化を**予測**しながらケアプランを検討していましたか？
- 母娘に関わっている医療・介護関係者と**緊急時の対応**や**リスク管理**について、サービス担当者会議を開催しましたか？
- 引きこもりの状況から、サービス利用拒否や生活が不規則になることは、ある程度予測できたはずです。３週間あれば入院相談の前に、介護施設のショートステイなど、もっと早く**別の手立て**が検討できたかもしれません。

まとめ

- ケアマネジャーには利用者の暮らしの変化を予測しながら、**不測の事態**にも対応できるチームづくりが求められます。

- そのためには、早い段階で必ずサービス担当者会議を開きましょう。この事例の場合は、母親が入院した時点で開催すべきです。

- ケアマネジャーは、世帯で複数の利用者を担当する場合があります。個々の支援に留まらず、**世帯の関係性**の中で変化を予測するアセスメントの視点も重要です。

- MSWに入院相談をする前に、**入院目的**を明確にしておきましょう。介護サービスの検討や介護施設の利用など、在宅の調整を行った上で、入院相談をすることが必要です。

- 利用者の理解度に合わせて説明することもケアマネジャーの役割です。サービス利用を拒否すると何に困るのか、利用者が**自らの意思で選択**し、決定できるようサポートする必要があるでしょう。

コラム

超高齢者の病院受診（初診）

97歳の利用者、心疾患。在宅主治医はA医師（消化器内科クリニック）。薬は計12種類を処方されていました。

B病院の内科外来（C医師）に、娘に付き添われて、初診で来院されました。

C医師が、来院の理由を確認。

娘いわく、「最近、母の足のむくみが出てきて心配です。A医師に足のむくみのことを言ったのですが、同じ薬が出るだけで…。ケアマネジャーからは、『B病院の内科外来に行ったほうがよい』と言われたので、母を連れてきました。」とのこと。

特にA医師の診療情報提供書も、ケアマネジャーからの情報提供もありませんでした。

患者さんは、少し動くと息はあがるようでしたが、97歳とはいえ会話は可能で、食事も取れていました。

B病院では検査を行い、病状について娘に説明しました。

C医師は、「12種類の薬を処方されていて、さらに薬を増やすことは難しい。」「最期の過ごし方を考える時期です。」「入院することもできますが、どうしますか？」と説明しました。

娘はこの説明に驚き、ショックを隠し切れない様子でした。しかし、本人も娘も入院を希望せず、そのまま自宅に帰りました。

このケースでは、5つの問題が考えられます。

①「緊急対応は不要」と評価したのであれば…

1分1秒を争う病状であれば、即、救急車を呼ぶべきですが、緊急受診の必要はないと判断したと考えられます。「時間の猶予」があるなら、まずはケアマネジャーから「在宅主治医のA医師」に相談すべきです。

②心配する娘への対応は…

母親は97歳。さて娘の年齢は…70歳、それなりの年齢です。「A医師の治療方針」が娘に伝わっているかの評価が必要です。「A医師が娘にどのように説明していたのか？」「A医師の説明を娘がどこまで正しく理解していたのか？」また、娘が「最期の方針（最期の場所など）をどのように考えているのか？」の評価も重要です。

③病院受診の目的は…？

「ケアマネにB病院に行くように言われた」という娘の話だけでは、C医師には「ケアマネジャーが病院受診を勧めた意図」がわかりません。70歳の娘に受診を任せずに、ケアマネジャーの受診同行や、病院医師への手紙などで情報提供できなかったでしょうか？

④在宅主治医のA医師は…？

サービス担当者会議などで、本人と家族やケアマネジャーが「A医師の治療方針」を共有できていたのでしょうか？

娘から相談されたA医師の判断は？なぜ、ケアマネジャーはA医師に相談できなかったのでしょうか？

ケアマネジャーに「B病院に行った方がよい」と言わせてしまったA医師にも、何かしら問題があったのかもしれません。

⑤入院できたら安心なのは…、誰？

ケアマネジャーの「B病院に行った方がよい」という言葉の裏に「もし自宅で何かあったら困るから…」という本音が隠れていませんか？

「最期の過ごし方を考える時期」でもある97歳の利用者が、入院をきっかけに自宅に戻れない状況を作ってしまう危険を考えていますか？

このような病院受診の例は、意外と多いのです。ケアマネジャーが、利用者の不利益な受診に繋げてはいませんか？

3　リハビリテーション

リハビリ編 ❶ 回復期リハビリテーション病院との連携

Q

80歳の利用者。自宅では妻と２人暮らしです。大腿骨頸部骨折のため、２週間前に**回復期リハビリ病院**に転院したばかりです。認知症の進行がみられ、思うようにリハビリが進んでいません。退院に向けて、病院リハビリスタッフとの連携が必要だと思うのですが、入院中のため、どのように連携すればよいか悩んでいます。**「リハビリの様子を見せてほしい」**とお願いしてもいいのでしょうか？

A

急性期の機能回復にリハビリテーションは大変重要です。しかし、認知症などで思うようにリハビリが進まないこともよくあることです。入院中にリハビリ専門職とどのように連携を図ればよいのでしょうか。

- 入院中のリハビリの様子は、ぜひ見に行きましょう。その際、必ず**アポイント**をいれておくことを忘れないようにしましょう。

- 利用者が何時頃に、どこでリハビリを実施しているか、事前に確認をしましょう。リハビリは、リハビリテーション室で行うだけでなく、病室や屋外など、あらゆる場所で実施されるからです。

- 回復期リハビリ病棟は、**「回復期リハビリテーション実施計画書」**に基づいて、計画的にリハビリが実施されます。**入院期限がある**ため、早期から退院支援・退院調整を開始することになります。

- そのため、ケアマネジャーからの在宅情報は大変貴重です。家族の健康状態や介護力、家屋状況など、病院にいるだけではわからない情報は、今後のリハビリ計画に影響します。自宅に帰れない状況がある場合は、早めに今後の方針を検討しなければなりません。

●病院のリハビリ専門職と連携を図ることで、病院内で行っているリハビリを、**「自宅での暮らしをイメージしたリハビリ」**に切り替えていくこともできます。

まとめ

●回復期リハビリテーションは、単なる機能回復が目的ではありません。**「在宅復帰＝生活者に戻ること」**という目的の下に、実施されています。

●利用者を１日も早く生活者に戻すために、病院側と在宅チームが一緒に退院調整を行うことが大切です。早期退院に向けては、ケアマネジャーからの在宅情報は必ず役に立ちます。

●リハビリ専門職が同行する一時外出や家屋評価が実施される場合には、できる限りケアマネジャーも同行して、利用者の動きや状態を確認しておきましょう。

●ケアマネジャーは、遠慮せずに病院のリハビリ専門職に情報提供をしてください。病院と在宅チームが一緒になって、利用者を**「生活者に戻す」**という目的を共有してほしいと思います。

リハビリ編 ❷ 回復期リハビリテーション病院からの退院先

80歳利用者、要介護４、脳梗塞の後遺症による左上下肢麻痺で、回復期リハビリ病院に入院中です。退院予定の１か月前、病院で退院前カンファレンスを開催しました。すると病院からは、有料老人ホームへの入居を勧められました。家族の介護力の弱さと家屋環境から、**自宅介護**は難しいとの判断でした。しかし、家族はもう少しリハビリを続けて自宅退院を目指したいという希望があります。有料老人ホームではなく、リハビリができる老人保健施設に入所できないのでしょうか？

在宅復帰を目指している利用者や家族にとって、「もう少しだけリハビリを続けたい」というのは切実な願いでしょう。リハビリの継続について、どのような方法が考えられるでしょうか。

- 回復期リハビリテーション病棟とは、心身ともに回復した状態で**自宅や社会へ戻すことを目的とした病棟**です。脳血管疾患や大腿骨頸部骨折などの疾患によって、医学的・社会的・心理的なサポートを必要とする患者に対し、多職種がチームを組んで集中的なリハビリテーションを実施しています。

- 回復期リハビリ病棟は、限られた期間で集中的にリハビリを行い、自宅や社会へ戻すことを目指しています。そのため、疾患名と、病気・怪我を発症してから入院するまでの期間が決められています。

- また、回復期リハビリテーション病棟施設基準の要件に**「在宅復帰率」**があります。病棟入院料１の場合70％以上、病棟入院料２の場合は60％以上が基準となっています。

- 回復期リハビリテーション病棟の「在宅復帰」とは、自宅や居住系施設（グループホーム、サービス付高齢者住宅、有料老人ホームなど）への退院（=在宅復帰）をいいます。

まとめ

- ケアマネジャーは、**回復期リハビリテーションの目的と基準**を理解しましょう。利用者や家族、病棟スタッフと共に、在宅復帰を目指して早めの退院調整に入ることが大切です。

- 利用者や家族から「もっとリハビリを続けたい」「退院をあと少し延ばしたい」など、相談が入ることがあるでしょう。しかし、中途半端に**期待を持たせるような回答は避ける**べきです。

- まずは、入院先の病院主治医やリハビリ専門職、MSWに相談するよう助言をしてください。

- 多くの回復期リハビリテーション病棟では、定期的にカンファレンスを開催しています。退院前に病院スタッフが自宅に出向き、**家屋評価**を実施している病院もあります。ケアマネジャーと病院が連携できる絶好の機会です。ぜひ有効に活用してください。

- 平成30年度には、診療報酬と介護報酬の同時改定があります。
リハビリテーションに関する見直しもあるため、ケアマネジャーは診療報酬改定の動向にも注目しておきましょう。

参　考

一般社団法人　回復期リハビリテーション病棟協会のホームページには、回復期リハビリテーション病棟の解説や病棟を設置している病院のリストが掲載されています。

回復期リハビリテーション病棟協会　で　検索

参　考

回復期リハビリ病棟の基準

	病棟入院料１	病棟入院料２	病棟入院料３
在宅復帰率	70%以上	60%以上	制限なし
看護配置基準（１人あたり患者数）	13対１	15対１	15対１
リハビリスタッフ配置基準	理学療法士３人以上 作業療法士２人以上 言語聴覚士１人以上	理学療法士２人以上 作業療法士１人以上	理学療法士２人以上 作業療法士１人以上
社会福祉士配置基準（専従）	１人以上	配置義務なし	配置義務なし
重症患者率	30%以上	20%以上	制限なし

回復期リハビリテーション.netより引用

コラム

病院に運べば何とかしてくれると思っている人が多い！

ケアマネジャーの中には「とりあえず病院に行けば何とかなる」と思っている人が、まだまだ多いように感じます。

言いかえれば「なぜ病院に行くのか」、受診する目的が不明確なまま来院される方が多くいるということです。

病院は本来、疾患を治すために行くところであって、在宅チームの困りごとを相談に行く場所ではありません。

しかし時には「家族が大変だから」「利用者が可哀そう」という理由で、入院相談に来るケアマネジャーも存在するのが現状です。

仮に、在宅チームがこれ以上対応できないという状況であれば、まず在宅チームと利用者や家族でしっかりと方針を決めてから病院に相談すべきでしょう。

病院の医師からすれば、「普段の連携や情報共有は無いのに、困った時だけ駆け込んでくる」という印象になりかねません。

ケアマネジャーがするべき仕事は、「マネジメント（調整）」です。在宅チームの方針をマネジメントしたうえで、病院との良好な連携関係をつくるように努力しましょう。

4　施設の嘱託医との連携

施設編 ❶ 特別養護老人ホームとの連携

Q

80歳代、要介護３の利用者。特別養護老人ホームの**ショートステイ利用中**に体調が悪くなり、特養からケアマネジャーに連絡がありました。医療機関に連れて行ってほしいとの連絡でしたが、特養の医師や看護師は対応してくれないのでしょうか？

A

特別養護老人ホームに限らず、施設のショートステイを利用中に体調が悪くなることはよくあることです。その際、医療機関の受診の方法について、特養と利用者家族を含めた調整が必要です。

- 特別養護老人ホームは介護保険施設の位置付けですが、**ショートステイは「在宅」の扱い**となっています。
- 在宅には、利用者の**在宅主治医**がいるはずです。必要に応じて在宅主治医に特養への往診を依頼することは可能です。ただし、往診をしてくれる在宅主治医かどうかは、事前に確認をしておく必要があります。
- 特別養護老人ホームにも**嘱託医**はいるので、**在宅主治医と嘱託医との連携関係**をどのようにつくっていくかが今後の課題だといえます。
- これからは、ショートステイ中に看取りになる方も増えていくことが予測されます。ケアマネジャーとしては、利用者や家族、特養の相談員や看護師と共に、急変時の対応についても事前に打ち合わせをしておく必要があるでしょう。

まとめ

- ケアマネジャーは、ケアプランにショートステイを位置付ける時には、常に**急変が起こることも想定**した特養との連携体制を作る必要があります。

- 在宅主治医には、利用者がショートステイに入ることをきちんと伝えておくことが必要です。ショートステイ期間中に考えられる病状変化なども確認して、特養のショートステイを担当する相談員や看護師に、事前に情報提供しておきましょう。

- 家族には、ショートステイ中も確実に**連絡が取れる方法**を決めておくよう依頼しましょう。介護者の休養目的でショートステイを利用する場合が多いと思いますが、家族にもケアマネジャーにも、かかりつけ医にも連絡が取れないと、ショートステイ先は困ってしまいます。

- 夜中や早朝など、少ない介護職員しかいない時間帯に急変が起こった際にも、速やかに連絡が取れるようにしておくことが大切です。
  「急変はいつ起こるかわからない」、常にこの心構えだけは忘れずに、ケアマネジメントを実践してください。

施設編 ❷ 居住系施設での看取りとケアマネジャーの役割

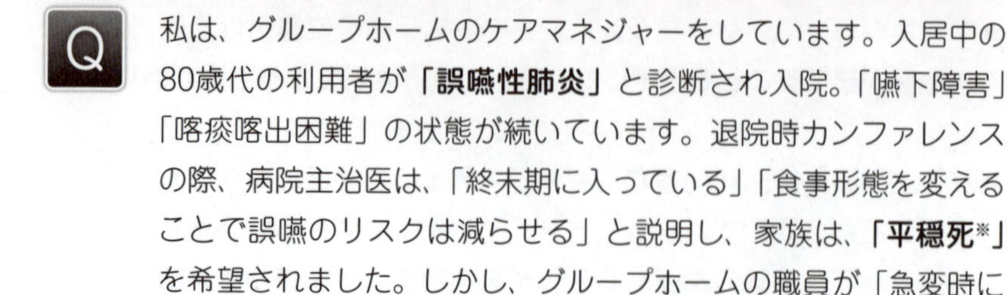

Q 私は、グループホームのケアマネジャーをしています。入居中の80歳代の利用者が**「誤嚥性肺炎」**と診断され入院。「嚥下障害」「喀痰喀出困難」の状態が続いています。退院時カンファレンスの際、病院主治医は、「終末期に入っている」「食事形態を変えることで誤嚥のリスクは減らせる」と説明し、家族は、**「平穏死※」**を希望されました。しかし、グループホームの職員が「急変時に対応できない」と判断し、結局、介護療養型病院に転院となりました。グループホームに戻してあげられず、ケアマネジャーとしてやりきれない気持ちです。

グループホームやサービス付高齢者住宅など、最近は、居住系施設が増え、施設での「看取り」も増えてきました。居住系施設のケアマネジャーが持つべき心構えは何でしょうか。

- グループホームは、認知症の利用者の**「住まい」**です。居心地のよい場所であり、顔なじみの仲間がいる最も安心できる場所といえます。

- **「グループホームで人生を終わりたい」**という利用者や家族の最後の望みに、施設として何ができるでしょうか？

- **「平穏死を希望する」**ということは、無理な延命処置をせず、本人の力に任せて**「自然に逝きたい」**という意思表示です。グループホームもケアマネジャーも、本人や家族の意思決定を支えようとするならば、**施設に戻す選択肢**を検討するべきでしょう。

- 居住系施設には、嘱託医や協力医療機関が決められています。また、訪問看護ステーションと提携している施設もあります。看取り体制は十分作れると考えます。

- 居住系施設での看取りは、共に暮らす他の入居者にとっても、**「自分らしい最期の迎え方」**を体験できる貴重な機会になるはずです。

まとめ

- 居住系施設で看取り体制をつくる場合は、**嘱託医**や**訪問看護ステーション、協力医療機関との連携体制**をしっかりと作る必要があります。

- 入居者に「在宅主治医」がいる場合は、居住系施設との連携で、在宅主治医が施設に来て看取ることも可能です。

- ケアマネジャーは、施設職員が安心して最期の看取りに向き合えるよう、**施設の方針**を決めておくことが重要です。

- 居住系施設だからこそできる「看取り」があると考えます。施設全体がひとつの「家族」となり、入居者も職員も、みんなで最期の瞬間を見届ける体制が作れるはずです。

※平穏死：人工的水分・栄養補給法を行わず、積極的延命治療もせずに、自然な衰弱を受け入れて死亡すること

施設編 ❸ 施設での看取りの承諾

特別養護老人ホーム（以下、特養）でケアマネジャーをしています。最近、特養で看取りを希望される利用者や家族が増えてきました。しかし、特養には24時間の看護師の配置が義務付けられていません。また、医師も嘱託医なので、急変してもすぐに駆け付けることができません。介護職やケアマネジャーだけでは何もできないし、**結局病院に救急搬送**することが多いです。これからの特養には、看取り対応が求められています。何から準備したらよいでしょうか？

多死時代を迎え、病院以外の場所で亡くなる方が増えてきました。これからの時代の特養は、「終の棲家」としての役割が求められています。施設ケアマネジャーとして何を準備すればよいでしょうか。

- まずは、
  1）今までの療養経過
  2）利用者・家族の死生観
  3）利用者・家族の関係性
  などの評価が必要です

- 評価結果から、**「最期はどこで過ごしたいですか？」**という確認の時期を決定します。
  利用者・家族は施設入所に至るまでに、いろいろな経過をたどっています。施設入所時には**「最期の場所や最期の対応（治療など）」**を既に決定している利用者・家族も多くなっています。おおよその**「最期の方針」**が決まっているのであれば、入所当初に**「その思い」**をお聞きする方がよいでしょう。

- 施設入所をすることだけで“手いっぱい”だった利用者・家族であれば、**信頼関係の構築**が「最期の方針」の確認よりも優先されます。

- 最期の方針（場所・治療や看護対応）が決まっていない場合には、家族の年齢や理解力・判断力に合わせて、説明を何度かに分ける必要もあります。

- 「最期の場所」を病院、自宅、当該施設のどれにするか？
利用者・家族の決定にケアマネジャーは寄り添わなければなりません。

- **「施設での看取り」**の方針を確認できれば、施設看取りができるというわけではありません。**「施設での看取り」「家族の思い」**を施設内で共有する必要があります。
利用者・家族、嘱託医師・看護師、介護士、管理栄養士などでの担当者会議の開催を調整しましょう。

- 下記A)～D）については、嘱託医師や看護師・介護士などの意見も踏まえて、利用者・家族への意思決定支援が必要な項目です。

A）「死出の旅路」の途上では、経口摂食困難・飲水困難、胃腸の栄養・水分吸収困難が必発します。
　1）「食べられなくなったら、自然に任せて何もしない」のか？
　2）「胃瘻による経管栄養」が可能な施設であれば、「胃瘻による経管栄養」を導入するのか？
　3）すでに経管栄養を行っている利用者であれば、経管栄養の減量・中止を行うのか？
　などの方針決定は重要です。特に、**老年症候群（≒老衰）**の終末期では重要な課題となります。

B）「発熱や呼吸不全、疼痛などに対する医療対応をどうするか？」などの調整も必要になります。しかし、嘱託医師の医療方針や看護師の看護診断にかかわることでもあり、嘱託医師や看護師との積極的な情報共有や確認が必要になります。その上で利用者・家族の**意思決定の援助**をしていく必要があります。

C)「施設看取り」を決定した利用者・家族は、「入院を希望せず、施設で可能な医療・看護での施設看取りを希望する」ことがほとんどです。嘱託医師や看護師、介護士との情報共有が的確に行われていないと、休日や夜間に当直職員が救急車要請をしてしまう、という問題が発生します。

D)「施設看取り」を決定していても「回復の見込みがあれば、入院治療を希望する」という利用者・家族もいます。
「入院治療の是非」「入院治療での回復見込みの推定」は嘱託医師が行うことが一般的です。しかし、嘱託医師は施設に常駐していないので、看護師との調整が必要になります。
また、利用者・家族の「回復の見込みがあれば…」という抽象的な思いをどう解釈するかが重要になります。必要に応じて「嘱託医師や看護師からの、利用者・家族への説明や意思決定支援」の依頼を行いましょう。

- 最期に近づいていく過程で、**「家族の思い」**を再度確認する必要があるか否かの評価も重要です。

まとめ

- 要介護３以上の方が入所してくる特養では、いつ何が起きてもおかしくない状態の利用者が増えていきます。早めに**最期の方針**を決められるよう、利用者や家族と信頼関係を築くことが大切です。

- 「最期の方針」は利用者・家族が決定することです。しかし、「最期の方針」について、嘱託医師や看護師、介護士などとの協議や調整が必須となります。やはり、利用者・家族、嘱託医師・看護師、介護士、管理栄養士などを招集した**カンファレンスの開催**が必要です。

- 利用者や家族の**「今の気持ち」**を確認しましょう。「最期の方針」を決めても、人の気持ちは変わるのが当たり前です。だからこそ、定期的に意向の再確認が必要になります。

- 特養では、「医師が常駐しない」「夜間に看護師がいない」という現実があります。自宅と異なり「介護士」はいますが、医療行為はできません。医療行為を伴わない「静かな死」を利用者や家族が選択するならば、全力でその意思決定を支えることです。それが、**これからの特養に求められる「覚悟」**ではないでしょうか。

参　考

終末期についてのアンケート（入所時）

特別養護老人ホーム〇〇〇〇
施設長　〇〇　〇〇

終末期についてのアンケート

当施設では、できるだけご本人およびご家族のご意向に沿うケアを行っていこうと心掛けています。

つきましては、終末期についてどのようなお考えをお持ちか、可能な範囲で結構ですので、ご回答いただきますようお願い申し上げます。

※終末期とは、「医師が一般的に認められている医学的所見に基づき、積極的な医療処置をしても回復の見込みがないと判断した場合」のことをいいます。

1　終末期を迎えたい場所はどこですか？
□施設で最期を迎えたい　　□自宅で最期を迎えたい
□病院で最期を迎えたい

2　終末期には、どのようなことを希望されますか？
□施設でできる範囲の医療処置を希望する
□回復の望みがあれば医療機関での治療を希望する
□医療機関でできる限りの医療処置を受けさせたい

3　心身の機能低下のため、食事が食べられなくなった時、どのようなことを希望されますか？
□食べられるものを食べられるだけでよい　　□医療機関での対応
□経管栄養（胃ろう等）　　□わからない

4　その他（ご希望、ご要望をご記入ください）

※なお、上記の内容は変更することが可能ですので、いつでもその旨をお知らせください。

年　　月　　日

ご利用者氏名＿＿＿＿＿＿＿＿＿＿＿＿＿＿＿＿

代筆者氏名＿＿＿＿＿＿＿＿＿＿＿＿　続柄（　　　　　）

参　考

看取りについての同意書

施設における看取りについての同意書

私は（利用者名）＿＿＿＿＿＿＿＿＿＿の特別養護老人ホーム○○○○における看取りについて、医師の説明と施設が提供するサービスの説明を受け、施設における看取りを希望すると同時に、以下の内容を確認し同意します。

記

① 今後、医療機関での治療は行わず、本人の苦痛を伴うような医療・処置は行いません。

② 入居者の状態を観察し、状況や嗜好に応じた食事・水分を提供します。

③ 入居者の身体症状に応じた安楽な体位の工夫と苦痛や痛みを和らげる方法をとります。

④ 周囲の環境整備や声掛けを行い、尊厳を保ち、安らかな最期が迎えられるよう努めます。

⑤ 代理人等と緊密な連絡を取り、協働して看取りを行います。

⑥ 入居者や代理人等の意思や意向に変化があった場合は、その意向に沿って援助します。

以上

特別養護老人ホーム○○○○
施設長　○○　○○　様

年　　月　　日

代理人　住所＿＿＿＿＿＿＿＿＿＿＿＿＿＿＿＿
　　　　氏名＿＿＿＿＿＿＿＿＿＿印（続柄　　　）
その他　住所＿＿＿＿＿＿＿＿＿＿＿＿＿＿＿＿
　　　　氏名＿＿＿＿＿＿＿＿＿＿印（続柄　　　）

説明医師氏名＿＿＿＿＿＿＿＿＿＿＿＿＿＿＿＿
施設説明者　（職種）　　　　（氏名）
　　　　　　（職種）　　　　（氏名）
　　　　　　（職種）　　　　（氏名）

コラム

介護施設の終末期のあり方

病院の外来患者の中には、介護施設や居住系施設で暮らす方もたくさんいます。施設の介護職員が付き添っている光景をよく見かけるようになりました。

ある時、介護施設に入所中の97歳の利用者が、食欲不振で救急搬送されてきました。付き添ってきたのは介護施設の介護職員でした。

病院医師が「いつからどのような状態だったか」を付き添ってきた介護職員に確認しましたが、どうもはっきりしません。看護サマリーも持参せず、経過もよくわかっていませんでした。それでも、「何とか入院をお願いしたい」と。

後から到着した家族が来て言いました。「年齢的にも、いつ何が起こってもおかしくないと思っているので、入院治療は望んでいないんです。介護施設に戻ることはできないでしょうか？」と。

ケアマネジャーの皆さんは、どう考えますか？
これからは、介護施設や居住系施設で暮らす方の終末期のあり方も考える必要があります。入院して望まない最期を迎えますか？介護施設で顔なじみの方に見守られて旅立ちますか？
介護施設にも「施設の覚悟」が、問われる時代になっているのではないでしょうか？

コラム

人の死に向き合う覚悟を持てるケアマネジャーが必要

人間は、80歳、90歳、100歳まで生きることができる時代になりました。

100歳を超えても「もっと長生きしたい」と思う人もいるでしょう。でも、現実的には、90歳や100歳まで生きられれば「大往生」といえるでしょう。

人生の終末期を迎えるためには、「死にゆく仕度」が必要です。これからのケアマネジャーは、利用者の「最期の準備」にも寄り添っていかなければなりません。そして、最期を見届ける覚悟、死に向き合う覚悟がなければ、ケアマネジャーは務まらないと思ってください。独り暮らしだろうと、高齢世帯だろうと、誰しも最後まで自分が望むように「生きて、逝きたい」と思っているはずなのです。

ケアマネジャーの仕事は、介護保険サービスの給付管理をするだけではありません。単に生活のケアプランを作成する仕事でもありません。利用者の「人生のケアプラン」を作り、生きざまを見届け、残された家族の人生にも寄り添うマネジメントが必要です。

あらためて、ケアマネジャーの仕事を見つめなおしてみませんか？

ケアマネジメントに活かせる医療情報編

情報編 1 在宅療養支援診療所、在宅療養支援病院

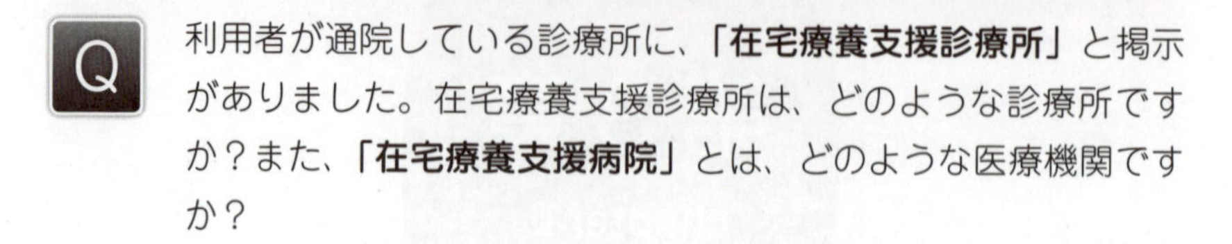

Q 利用者が通院している診療所に、**「在宅療養支援診療所」**と掲示がありました。在宅療養支援診療所は、どのような診療所ですか？また、**「在宅療養支援病院」**とは、どのような医療機関ですか？

A **これからの高齢者を地域で支えていくためには、無くてはならない医療機関です。それぞれ、どのような機能を持つ医療機関か、しっかり理解しておきましょう。**

- 在宅療養支援診療所や在宅療養支援病院は、在宅療養者を**24時間365日で対応できる体制**を整えている医療機関のことを言います。

- 在宅療養者が増えていく中、最期まで住み慣れた自宅で暮らしたい方は増えています。思うように身体が動かず、通院が難しくなっても、自宅に来てくれる医療があると安心できます。

- 在宅療養支援診療所や在宅療養支援病院になるためには、一定の基準をクリアしなければなりません。2012年からは、**「強化型在宅療養支援診療所」「強化型在宅療養支援病院」**も導入されました。また、いくつかの医療機関が連携して基準を満たす場合も認められるようになっています。

まとめ

- これからの在宅療養を支えるためには、地域の中に**「最期まで支える覚悟を持つ医療機関」**が必要です。

●在宅療養支援診療所と在宅療養支援病院は、お互いに連携しあいながら、在宅療養者を支え続ける医療を担っています。

●ケアマネジャーは、地域にある在宅療養支援診療所や在宅療養支援病院の情報を、利用者のケアマネジメントに活かせる情報として確認しておきましょう。

参考

在宅療養支援診療所／病院の施設基準（平成26年度）

在宅療養支援診療所	①診療所 ②24時間連絡を受ける体制の確保 ③24時間往診可能 ④24時間訪問看護提供可能（連携で可能） ⑤緊急時に入院できる病床の確保 ⑥連携する保険医療機関、訪問看護ステーションに対する適切な情報提供 ⑦年に１回、看取りの数を地方厚生局に報告
在宅療養支援病院	①200床未満または４km以内に診療所がない病院 ②～⑦は、在宅療養支援診療所の基準と同じ
機能強化型在宅療養支援病院	在宅療養支援診療所・病院の基準に加えて、 ・在宅医療を担当する常勤医師が３名以上 ・過去１年間の緊急往診10件以上、在宅看取り４件以上 〈医療機関が連携した場合〉 ・全体で上記基準を満たす ・各医療機関が緊急往診４件以上、在宅看取り２件以上
在宅療養後方支援病院	・200床以上 ・在宅医療を提供する医療機関との連携 ・24時間連絡を受ける担当者の指定 ・上記担当者の連絡先を連携医療機関に文書で提供

※平成28年度改定にて「在宅医療を専門に実施する在宅療養支援診療所」に対する評価が新設。

「あなたも名医！在宅『看取り』」日本医事新報社
P201　表２　在宅療養支援病院の施設基準（平成26年改定）一部改変

情報編 ❷ 地域包括ケア病棟

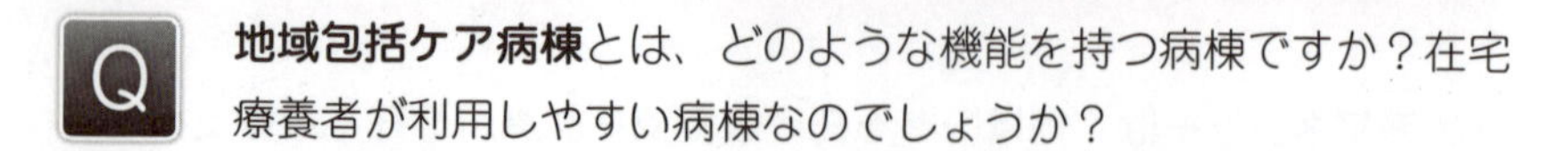

Q **地域包括ケア病棟**とは、どのような機能を持つ病棟ですか？在宅療養者が利用しやすい病棟なのでしょうか？

A **利用者の暮らしを支えるケアマネジャーとしては、ぜひ知っておきたい病棟機能の１つです。ただし、どの医療機関でも地域包括ケア病棟が設置されているわけではありません。**

- 地域包括ケア病棟は、2014年の診療報酬改定で新設されました。地域包括ケアシステムを支える役割を担う病棟または病床をいいます。
- 地域包括ケア病棟は、急性期治療を経て病状が安定した場合に、在宅や介護施設への退院に向けた**医療やリハビリや退院調整**を行う機能を持っています。
- 同時に、在宅療養者が短期間入院し、治療やリハビリを行い、**在宅療養生活を継続するための病棟**としても位置付けられています。
- 地域包括ケア病棟の入院期間は、**60日を限度**としています。60日間の入院ができるというわけではなく、60日以内に在宅復帰ができるよう早めに準備を進めていくための病棟と理解してください。
- 地域包括ケア病棟には、**専従のリハビリ専門職**が配置されます。また、**病棟専任のMSW**も配置されます。専従・専任のリハビリ専門職やMSWが、患者の退院支援、退院後のケアについて、しっかりサポートをします。

まとめ

- 利用者の暮らしを継続するために、地域包括ケア病棟には**「病院と在宅を繋ぐ機能」**が期待されています。

- 在宅療養者が地域包括ケア病棟に入院を希望する場合は、まず、**かかりつけ医に相談**しましょう。地域包括ケア病棟に入院する目的や入院期間など、かかりつけ医の判断が必要です。かかりつけ医がいない場合は、病院のMSWに相談してみるとよいでしょう。

- ケアマネジャーは、地域の中で、地域包括ケア病棟を設置している医療機関の情報を確認しておきましょう。あくまでも、**「在宅の継続を支援する目的」**としての入院であることを忘れないようにしてください。

参　考

地域包括ケア病棟の主な施設基準等

	入院料１	入院料２
入院料（60日以内）	2,558点	2,058点
入院医療管理料（60日以内）	2,558点	2,058点
看護配置	13対１	
在宅復帰支援担当者	専任１名以上	
理学療法士等	専従１名以上	
病棟のリハビリテーション体制	疾患別リハビリテーション料の届出	
在宅復帰率	７割以上	―
入院期間	60日以内	
患者１人当たりの居室基準	１人あたり 6.4m²以上	―

情報編 ❸ 介護療養型医療施設の廃止と介護医療院

Q 介護保険施設の１つである「介護療養型医療施設」の廃止が決まり、**「介護医療院」**という新しい名称の施設が設置されると聞きました。介護医療院は、今までの介護療養型医療施設とどのように違うのでしょうか？

A **介護療養型医療施設の廃止についてはこれまで何度となく延期されてきました。2012年からの新設は認められていないため、施設数自体は徐々に減少しています。なぜ介護療養型医療施設が廃止されるのでしょうか？ケアマネジャーは、その背景について理解しておく必要があります。**

- 介護療養型医療施設は、2011年までに廃止予定でしたが、代替サービスへの転換がうまくいかず、2017年度末廃止に延期になっていました。

- 医療保険の「医療療養病床」と、介護保険の「介護療養病床」の役割を明確にするとともに、医療の必要性が低い高齢者（医療療養病床の医療区分Ⅰレベル）が、長期間入所をしている介護療養型医療施設を廃止するという方針です。

- 実際は、経管栄養や膀胱留置カテーテル（導尿の管）、褥そう（床ずれ）の処置など、医療行為や医学的管理が必要な方が多く入所しています。自立度が低く重介護の方も多いため、介護施設にも行けず在宅にも戻れない高齢者が入所していることも多いようです。

- そこで、介護療養型医療施設の受け皿となる、**新しい介護保険施設**として示されたのが**「介護医療院」**です。自立度が低く（介護が必要）かつ医療の必要性が低い高齢者が入所できる施設として、新設されることになりました。

- 介護医療院の特徴は次の３点です。
  ①長期療養のための医療的ケアと重介護を必要とする方を受け入れること
  ②生活の場としての機能を兼ね備えていること
  ③ターミナルケアや看取りにも対応できること

- 介護報酬や人員配置、設置基準などについては、2017年度末までを目途に、これから審議される予定です。

まとめ

- 介護療養型医療施設は、2017年度末に転換期限を迎え、新施設に転換するための準備期間として「６年間」廃止が延期されました。

- 今後は、医療的ケアと生活の場としての機能を兼ね備えた、**看取り対応も可能**な「介護医療院」が創設される予定です。

- ケアマネジャーは、介護医療院の特徴を理解し、ケアマネジメントに活かせる知識として情報収集をしておきましょう。

情報編 ❹ フレイル

Q 最近、**「フレイル」**という言葉をよく聞くようになりました。これまでの介護予防とフレイル予防は、何が違うのでしょうか？

A **「フレイル」とは、「フレイリティ（虚弱）」という言葉が語源の新しい言葉です。これまでの介護予防との違いを理解し、ケアマネジメントに活かせる知識として学んでおきましょう。**

●「フレイル」は、海外の老年医学の分野で使用されている「フレイリティ（Frailty）」の日本語訳として、日本老年医学会が2014年5月に提唱した言葉です。**「虚弱」**や**「脆弱」**を意味する言葉ですが、**「正しく介入すれば戻すことが出来る状態」**を表しています。

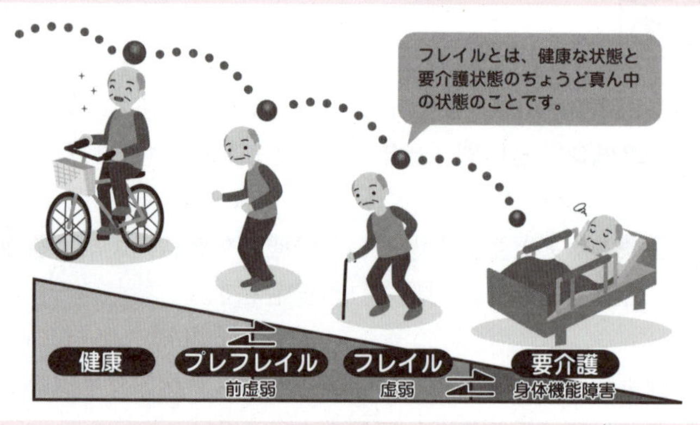

出典：東京大学　高齢社会総合研究機構・飯島勝矢：作図　フレイル予防ハンドブックから

●フレイルとは、健康な状態と要介護状態の中間に位置する状態を表しています。高齢者が抱える筋力の脆弱化**（サルコペニア）**や身体機能の低下だけでなく、精神・心理的問題や社会的問題までを幅広くとらえた概念といえます。

●フレイル予防とは、単に身体機能の低下を予防するものではなく、

「**身体活動**」「**栄養**」「**社会参加**」の３つがバランス良く揃っていることが大切としています。このことを国民が理解することで、介護予防が進み、要介護高齢者の減少が期待できるとしています。

- これまでの介護予防との違いは、フレイル予防は地域包括ケアシステムをつくる上で重要な起爆剤となる取り組みであることです。

- 住民の**社会参加**を促し、**バランスの良い栄養**をしっかり取ることで、心身共に健康な高齢者が地域に増えていくことを目指しています。最後まで楽しみのある幸せな暮らしを実現できる概念といえます。

まとめ

- ケアマネジャーは、フレイル、サルコペニアなど、高齢者が要介護高齢者になるきっかけを捉え、早めに予防策に繋げる視点が必要です。

- 身体機能の低下の前に、**社会参加の低下が心身機能の低下に繋がる**と理解しましょう。

- 特に、高齢者の栄養の問題については、しっかり学んでおきましょう。若い方と同じ感覚で高齢者の栄養アセスメントをしないよう、気を付けることが大切です。

フレイルは多次元の領域にわたる

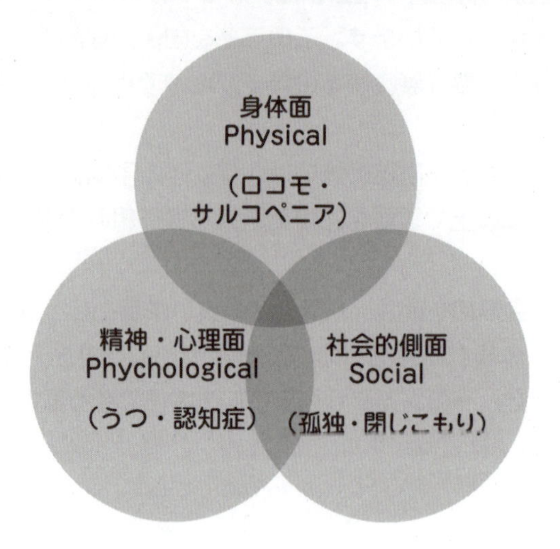

参　考

ロコモティブシンドローム（locomotive syndrome）

ロコモティブシンドロームとは、「運動器の障害のために移動機能の低下をきたした状態」のことを表し、2007年に日本整形外科学会によって新しく提唱された概念です。略称は「ロコモ」、和名は「運動器症候群」と言われます。

サルコペニア（sarcopenia）

サルコペニアとは、加齢や疾患により、筋肉量が減少することで、握力や下肢筋・体幹筋など全身の「筋力低下が起こること」を指します。または、歩くスピードが遅くなる、杖や手すりが必要になるなど、「身体機能の低下が起こること」を指します。

引用：公益財団法人長寿科学振興財団　健康長寿ネットより

コラム

これからの時代の「かかりつけ医」とは？

「かかりつけ医」とは、どのような医師のことでしょうか？
実は、かかりつけ医の厳密な定義はないと言ってよいでしょう。
なぜなら、患者自身の状態やライフスタイルに応じて、「かかりつけ医」の意味合いとニーズは変わるからです。

例えば、働き盛りの人にとって「かかりつけ医」は、仕事帰りに寄れて、土日も診療してくれる診療所の医師かもしれません。
元気な高齢者の「かかりつけ医」は、内科や整形外科など、いくつもの診療科を受診できて、交通アクセスのよい地域病院の医師かもしれません。終末期が近づいている方の「かかりつけ医」は、いつでも往診してくれて、最期を看取ってくれる在宅専門クリニックかもしれません。

本来の「かかりつけ医」とは、「病気になったとき、真っ先に相談したいお医者さん」のことだそうです。

そして、これからの時代の「かかりつけ医」は、「人生の最期を迎える準備を一緒にしてくれる医師」ではないでしょうか。
専門治療はしてくれるけれど、「最期の迎え方」を考えてくれない医師を「かかりつけ医」といえますか？
予防も含めて普段から、気軽に何でも相談できること、そして命の最期に責任を持ってくれる身近なお医者さんが必要です。

「どう死ぬか」は「どう生ききるか」です。そして「どう生ききるか」は、本人の日々の暮らし（人生）の中にあります。そう考えれば、これからの時代に必要なのは「暮らしを支える医療」であり、暮らしを支えきる「かかりつけ医」ではないでしょうか。

情報編 ⑤ リハビリテーション移行支援（診療報酬）

Q

整形外科クリニックで、外来リハビリテーションを続けている要支援１の利用者。ある時、「要介護認定を受けた場合、当院での外来リハビリテーションは終了です」と医師から告げられました。要介護認定を受けると、外来でのリハビリテーションが出来なくなるのでしょうか？

A

誤解を生じやすい事例ですが、必ずしも要介護認定を受けたからといって、すぐに外来リハビリテーションが終了になるわけではありません。

ただし、介護保険のリハビリテーションに移行していく支援が望まれています。ケアマネジャーとして、利用者に説明できるように理解しておきましょう。

- 診療所やクリニックの外来リハビリテーションは、通常「医療保険」で行われています。医療保険でのリハビリテーションには、必ず「算定要件」「算定期限」が設けられています。

- 医療保険でのリハビリテーションは、治療の一環として行われるものです。一方、介護保険でのリハビリテーションは、「機能の維持」を目的に行われます。

- 診療所やクリニックの外来リハビリテーションを希望される方が多いのですが、要介護認定が出る状態とは、「病状が安定した段階」と判断されるため、できるだけ介護保険で行う「維持期のリハビリテーション」に移行することを推奨しているのです。

まとめ

- 利用者が医療保険のリハビリテーションを希望している場合は、まず**かかりつけ医に相談**して継続の希望を伝えましょう。

- 利用者の病状や障害の状態によっては、介護保険のリハビリテーションに移行を促すことがあることも、事前に説明しておくとよいでしょう。

- 介護保険のリハビリテーションへ移行する場合は、かかりつけ医と共に、利用者が納得できる説明をする必要があります。「制度上移行しなければならない」などの**一方的な説得**は望ましくありません。

- ケアマネジャーは、利用者の心身の状態をアセスメントしながら、最も適したリハビリテーションの方法を検討する必要があります。その際、ケアマネジャーだけで判断せず、かかりつけ医や訪問看護師など、**医療職に相談**するようにしましょう。

コラム

ケアマネジャーからのお願い（医療機関の皆さんへ）その1

受診の際、医師や看護師から「次からヘルパーさん付けて」と気軽に言われることがあります。介護保険の訪問介護で「院内介助」を利用する場合は、「必要性の根拠（アセスメント）」と「介護サービス計画（ケアプラン）」が必要です。利用者と訪問介護事業者との間で「契約」もしなければなりません。基本的に病院内でのサポートは病院側が行うことになっているはず。ちなみに訪問介護員を自費で頼むと、通常は１時間2,000円～3,000円もかかるのです。医療機関の皆さんには、介護保険サービスの仕組みをぜひ理解してほしいと思います。

情報編 ❻ 認知症アウトリーチチーム、認知症初期集中支援チーム

認知症に関する様々な言葉が、よく理解できません。**認知症アウトリーチチーム**や**認知症初期集中支援チーム**とはなんですか？

認知症施策は、国が喫緊の課題として全力をあげて取り組んでいます。認知症は、「早期発見・早期対応」が求められているため、相談が来るのを待っているのではなく、専門職側から出向いて早めの対応策を検討する必要があるとしています。どのような内容か、ケアマネジャーは理解しておく必要があります。

● 認知症アウトリーチチームの実施主体は**都道府県**です。認知症の方とその家族が、安心して地域で暮らし続けていけるよう、**地域拠点型認知症疾患医療センター**に設置されています。

- 平成25年から26年度に実施された「認知症早期発見・早期診断推進事業」から移行した事業です。
- 認知症アウトリーチチームは、医師１名、コメディカル２名以上で構成されます。医師にもコメディカルにも、それぞれに認知症ケアに関する要件が課せられています。

● 認知症初期集中支援チームの実施主体は**市区町村**です。
平成30年度までにすべての市区町村で実施することになっています。

- 地域包括支援センターや認知症疾患医療センターを含む病院や診療所に設置され、医師１名、コメディカル２名、計３名以上で構成されるチームです。
- 認知症アウトリーチチーム同様、配置される医師やコメディカルには、認知症ケアに関する一定の要件を満たすことが求められています。

まとめ

- 認知症アウトリーチチームと認知症初期集中支援チームは、**相互に連携**しながら、認知症の早期発見、早期対応の体制を整えています。

- ケアマネジャーは、まずアセスメントをきちんと行い、利用者に認知症の疑いがある場合は、家族と相談の上、**かかりつけ医**と**地域包括支援センター**に相談をしましょう。

- ケアマネジャーが**かかりつけ医を無視**して、認知症専門医に直接繋ぐことは、マネジメントの専門職として不合格です。今後の在宅生活を支えるチーム形成を考えながら動きましょう。

- また、ケアマネジャーだけで何とかしようと思うことは、早期対応を遅らせる原因となります。1人で抱え込まず、**サービス担当者会議等**で、チームメンバーに相談できる体制をつくりましょう。

コラム

ケアマネジャーからのお願い（医療機関の皆さんへ）その2

病院の外来では、診察が終わると「次は○月○日の○時に来てください。」と次回の受診日や検査日を指定されることがあります。受診に付き添う家族は、仕事や家庭の調整が必要です。ケアマネジャーが受診に同行するためには、ケアマネジャーも日程や業務の調整が必要になります。病院側の事情もあるとは思いますが、「日時を指定するのは当たり前」ではなく、まずは「指定日時に来院できるかどうか」の「相談」をしてほしいと思います。

認知症アウトリーチチーム及び認知症初期集中支援チームの比較（東京都の場合）

		認知症アウトリーチチーム【東京都事業】
事業名		東京都認知症疾患医療センター運営事業
実施主体		東京都（地域拠点型認知症疾患医療センターに委託）
事業開始時期		平成27年度 ＊平成25～26年度に実施した「認知症早期発見・早期診断推進事業」から移行
目的		認知症の人とその家族が地域で安心して生活できるよう、地域拠点型認知症疾患医療センターに「認知症アウトリーチチーム」を配置し、区市町村が配置する認知症支援コーディネーター等からの依頼に応じて、認知症の疑いのある人等を訪問し、アセスメント等を実施することにより、早期の診断につなげ、状態に応じて適切な医療・介護サービスに結びつける等の取組を行う。
チーム設置場所		地域拠点型認知症疾患医療センター
チームの構成	人数	３名以上（医師１名以上、コメディカル２名以上）
	医師の要件	日本老年精神医学会若しくは日本認知症学会の定める専門医又は認知症疾患の鑑別診断等の専門医療を主たる業務とした５年以上の臨床経験を有する医師
	コメディカルの要件	保健師、看護師、精神保健福祉士、臨床心理技術者、作業療法士などの医療に関する国家資格等を有する者であって、原則、認知症のケアに３年以上従事した経験を有する者
訪問支援対象者		医療機関の受診が困難である認知症が疑われる人又は認知症の人で、以下のいずれかの基準に該当する者等 ア　医療サービス、介護サービスを受けていない者、又は中断している者で、以下のいずれかに該当する者 ①　認知症疾患の臨床診断を受けていない者 ②　継続的な医療サービスを受けていない者 ③　適切な介護サービスに結び付いていない者 ④　介護サービスが中断している者 イ　医療サービス、介護サービスを受けているが認知症の行動・心理症状が顕著なため、対応に苦慮している者
訪問体制		訪問するチーム員は、原則として認知症支援コーディネーター等又は訪問支援対象者を管轄する地域包括支援センター職員を同伴する。
主な活動内容		①認知症コーディネーター等から依頼のあった対象者に関する情報確認、訪問事前カンファレンスへの出席 ②対象者を訪問し、認知症の症状についてのアセスメントを実施し、精神的、身体的、社会的状況等を確認 ③認知症の症状を有する場合は、医療機関の受診を促し、原則として、鑑別診断につながるまで支援 ④訪問後は、個別ケース会議に出席し、医療的見地から助言 ⑤かかりつけ医等、関係機関との情報共有
支援期間		支援の終期は、原則、診断がつき、必要な支援（医療サービス、介護サービス等）を導入し、一定の解決が図られた時
平成27年度実績		○協定締結区市町村数　：39区市町 ○配置アウトリーチチーム数：12チーム（各地域拠点型認知症疾患医療センターに配置） ○訪問支援回数（実対象者数）：198回（121人）

認知症初期集中支援チーム【区市町村・地域支援事業】
認知症総合支援事業（介護保険法第115条の45第2第6号）の認知症初期集中支援推進事業
区市町村
平成26年度 ＊平成27年度から包括的支援事業となり、**平成30年度までにすべての区市町村において実施** ＊平成25年度に「認知症初期集中支援チーム設置モデル事業」実施（都内では世田谷区が実施）
認知症になっても本人の意思が尊重され、できる限り住み慣れた地域のよい環境で暮らし続けられるために、認知症の人やその家族に早期に関わる「認知症初期集中支援チーム」を配置し、早期診断・早期対応に向けた支援体制を構築する。
地域包括支援センター、認知症疾患医療センターを含む病院・診療所等
３名以上（医師１名、コメディカル２名以上）
日本老年精神医学会若しくは日本認知症学会の定める専門医又は認知症疾患の鑑別診断等の専門医療を主たる業務とした５年以上の臨床経験を有する医師のいずれかに該当し、かつ認知症サポート医（今後５年間で認知症サポート医研修を受講する予定のあるものでも可）である医師 ＊上記医師の確保が困難な場合、認知症疾患医療センター等の専門医と連携を図っている場合に限り、認知症サポート医であって、認知症疾患の診断・治療に５年以上従事した経験を有するもので可。
保健師、看護師、准看護師、作業療法士、歯科衛生士、精神保健福祉士、社会福祉士、介護福祉士等の医療保健福祉に関する国家資格を有する者であって、認知症ケアや在宅ケアの実務・相談業務等に３年以上携わった経験があり、原則として、「認知症初期集中支援チーム員研修」を受講した者
原則として、40歳以上で、在宅で生活しており、かつ認知症が疑われる人又は認知症の人で、以下のいずれかの基準に該当する者 ア　医療サービス、介護サービスを受けていない者、又は中断している者で以下のいずれかに該当する者 ①　認知症疾患の臨床診断を受けていない者 ②　継続的な医療サービスを受けていない者 ③　適切な介護サービスに結び付いていない者 ④　介護サービスが中断している者 イ　医療サービス、介護サービスを受けているが認知症の行動・心理症状が顕著なため、対応に苦慮している者
初回の観察・評価の訪問は、原則として医療系職員と介護系職員それぞれ１名以上の計２名以上で訪問する。
①訪問対象者の把握、情報収集及び観察・評価 ②初回訪問において、認知症の包括的観察・評価、医療機関受診や介護サービス利用の説明、対象者や家族の心理的サポートや助言等を実施（概ね２時間以内） ③専門医を含めたチーム員会議を開催し、支援の方針・内容・頻度等を検討 ④医療機関の受診や介護サービス利用の勧奨、認知症の重症度に応じた助言、生活環境等の改善等の支援 ⑤支援終了時に、同行訪問を行う等の方法で円滑に引き継ぎを行うとともに、チーム員会議で、引き継ぎの２か月後に評価し、必要性を判断の上、随時モニタリングを実施
対象者が医療サービスや介護サービスによる安定的な支援に移行するまでの間とし、概ね最長で６か月
○実施区市町村数　：10区市 ○配置チーム数（チーム員総数）：24チーム（194人：医師34人、コメディカル160人） ○訪問支援回数（実対象者数）：600回（189人）

出典：東京都福祉保健局資料

情報編 7 地域医療構想

「地域医療構想」というのは、どのような内容ですか？地域にある医療機関が減らされてしまうのでしょうか？

地域医療構想とは、地域ごとに必要となる医療機能を踏まえ、「地域医療のあるべき姿」を示す枠組みをつくることです。ケアマネジャーは、地域の医療機関の今後の動向に注目しておく必要があります。

- 地域医療構想は、2014年に成立した医療介護総合確保推進法において、**「都道府県」が策定**することを義務化したものです。地域の限られた医療資源を、効率的・効果的に活用するための体制づくりが求められています。

- 地域医療構想の区域は、**二次保健医療圏**（複数の市町村をまとめた地域医療の単位）を原則としています。**人口構造の変化**の見通しなどを考慮して設定されることになっています。

- 二次保健医療圏にある各病院は、それぞれが持つ病床機能を明確にするため、**「病床機能報告制度」**で届出をすることになっています。都道府県知事に、**自院の病床機能**（高度急性期、急性期、回復期、慢性期）等を報告します。

- 都道府県は、報告をもとに地域医療構想（地域ごとの医療提供体制の将来のあるべき姿）を医療計画において策定することになっています。

まとめ

- 今後、医療や介護が必要な人や、認知症高齢者はさらに増えていきます。どのような状態にあっても、地域住民が必要な医療を必要な場所で受けられるよう、地域ごとの**バランスの良い医療体制**が必要とされています。

- 地域医療構想は、**切れ目のない医療・介護サービス体制**を築くために、将来必要となる医療ニーズと病床の必要量を、地域の実情に応じて決めていくための方針を定めるものといえます。

- ケアマネジャーは、利用者の生活圏域を広域で捉えながら、地域の医療体制がどのように動いていくか、情報収集をしておくことが必要です。ケアマネジメントに活かせる知識として、確認しておきましょう。

年齢区分別将来人口推計

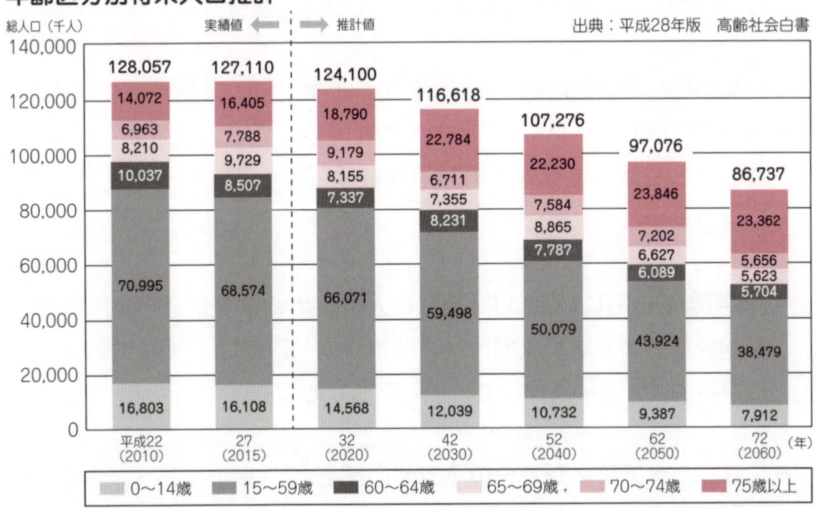

資料：2010年は総務省「国勢調査」、2015年は総務省「人口推計（平成27年国勢調査人口速報集計による人口を基準とした平成27年10月1日現在確定値）」、2020年以降は国立社会保障・人口問題研究所「日本の将来推計人口（平成24年1月推計）」の出生中位・死亡中位仮定による推計結果

（注）2010年の総数は年齢不詳を含む。

高齢者人口の増加と総人口数の減少により、高齢化率（65歳以上の高齢者人口が総人口に占める割合）は、2013年では４人に１人、2035年には３人に１人となる。

情報編 8 人生の終末期における考え方

Q ケアマネジャーになって8年目ですが、利用者によって**終末期の考え方**が違い、その都度どのように対応したらよいか悩みます。利用者の望む暮らし、**望む最期の迎え方**を支えるためには、ケアマネジャーとしてどのような**覚悟**を持つべきでしょうか？

A **利用者の状態像は、年々多様化しています。ケアマネジャーが担当する利用者も高齢者だけではなくなってきています。80歳代、90歳代の終末期の方もいれば、40歳代、50歳代で末期がんの方もいます。**
ケアマネジャーとして、利用者一人一人の人生の終末期にどのように向き合えばよいのでしょうか。

- **「意思決定支援」「利用者の意思を尊重する」**とは、どうすることでしょうか？口で言うほど簡単なことではありません。

- **人間の死亡率は100%**です。誰にでも必ず「死」は訪れます。その時、もし自分だったらどのような最期を迎えたいと考えますか？どうしてもらえると「自分の意思を尊重してもらえた」と思えるでしょうか？

- **「最期まで自宅にいたい」「絶対に入院したくない」**、利用者の希望をかなえたいと思う反面、ケアマネジャー自身は、「何かあったらどうしよう」と不安でいっぱいになるかもしれません。

- しかし、**ケアマネジャーの不安や心配**を、「入院」や「入所」という形で解決していませんか？

まとめ

- 自分の生き方・死に方は、**利用者自身が決めること**です。ケアマネジャーをはじめ、ケアチームは、利用者が決めた生き方・死に方を受け止め、**「生きざま・死にざま」**を**見届ける覚悟**を持つことです。

- 世の中には、いろいろな人がいます。１人として同じ人生はありません。だからこそ、この世にたった１つの大切な人生の終末期を、**チームで支えきる覚悟**が必要になります。

- 人生の終末期のあり方に、**「正解」も「模範解答」もない**のです。このことを、ケアマネジャーが自覚することが大切です。ケアマネジャーの価値観で、利用者の人生の終末期の行く末を決めてはいけません。

- よかれと思ってアドバイスした内容は、誰のためですか？ケアマネジャーのための判断になっていないか、あらためて自分に問いかけてみてください。

コラム

うれしかったエピソード　その2

入門編（P96）に登場した、Nさんのその後のエピソード

交通事故の脳挫傷で要介護５となったNさん。今年83歳になりました。「介護保険から卒業します」と言って、全ての介護保険サービスを終了したNさんですが、現在は要介護２。今も介護サービスを利用することなく、奥様と２人暮らしを続けています。

ある時、奥様が５日ほど家を留守にすることになりました。子供たちが奥様を休ませようと旅行を企画してくれたのです。しかし、さすがにNさんを置いていくのは心配で、奥様は、Nさんに「ショートステイに入ってほしい」とお願いしました。
案の定Nさんは「行かない。家にいる。」の一点張り。
悩んだ末、奥様は思いきって旅行に行くことにしたそうです。

奥様は、５日分の食事を準備。安否確認には私（筆者）も加わり、朝・夕に自宅に電話を入れることにしました。

「Nさん、おはようございます。様子はいかがですか？」
「大丈夫。変わりないよ。ご飯も食べたよ。」
「今朝は何を食べましたか？」
「冷蔵庫に作ってあった、お惣菜を温めて食べたよ。」
こんな会話を、毎日電話でやりとりしました。

時には電話に出ないこともありました。
（何かあったか…）と心配しながら再度電話をかけてみると、「トイレに行っていたんだよ」と元気そうな声に一安心。

そして、無事５日間の１人暮らしを、介護サービス無しで乗り切りました。

今年の３月で、交通事故からちょうど15年。お会いした当時は、15年間も生きられるとは、誰も思っていませんでした。

「介護保険から卒業します」、そう言って介護サービスを受けない選択をしたNさん。今回も「ショートステイには行かない」と意思を貫いたNさん。

「自分で選んで自分で決める」、そのことがNさんの生きる意欲に繋がっているのかもしれません。

そして、Nさんらしい生き方を支え続けている奥様の力強さに、いつも頭が下がる思いでいっぱいです。

Nさんと奥様には、これからも仲睦まじく、幸せな１日１日を過ごしてほしいと願っています。

おわりに

今年6月、紫陽花が咲き始めた頃、訳あって疎遠だった実父が急逝しました。病院に救急搬送され、数日間生死をさまよった後、静かに人生の幕を閉じました。最後の一呼吸…まさに命の灯が消える瞬間を、この目で見届けることができました。

人には、それぞれに歴史があります。そこには想いがあり、葛藤があり、複雑な人間関係があります。人の人生や一生は、その人だけのものではありません。周りにいる人の人生でもあります。一切の延命処置を希望していなかった父が、渾身の力で人生の幕を下ろす姿は、最期に見せた「生きざま」であり、「死にざま」だったように思います。

ケアマネジャーは、人生の歴史に寄り添うことを許してもらえる特別な仕事だと思うのです。だからこそ、ケアマネジャーの皆さんには、**医療から逃げず**に、利用者の最期の姿を見届ける**「覚悟」**を、持ち続けてほしいと願っています。

今回の応用編でも、本当にたくさんの方々のご協力をいただきました。田無病院内科部長のT先生、入門編にも登場していただいたKさん・Nさん、訪問看護師やMSW、そしてケアマネジャーの仲間達、本当にありがとうございました。
「二度と入院はしない」と、最期まで意思を貫き通したKさん、ご冥福をお祈りいたします。そしてKさんの意思を支えきり、最期は自宅で見送った娘さんの覚悟にも、心から敬意を表します。

「医療から逃げない！」

このタイトルがなければ、この本も、今の自分も存在しません。

ケアマネジャーであり続けたいと思えたのは、このタイトルのおかげです。常に「自分から逃げない」強さと、真の優しさを教えてくださった大先輩、素晴らしいタイトルを贈っていただき、本当にありがとうございました。

ケアマネジャーの皆さん、どうかケアマネジャーであり続けることを諦めないでください。ケアマネジャー次第で、利用者の人生が変わるかもしれないのです。医療からも、自分からも逃げないケアマネジャーになっていくことを、心から願っています。

平成29年８月吉日　　高岡　里佳

著者紹介

高岡　里佳（たかおか　りか）

日本福祉大学社会福祉学部卒業。主任ケアマネジャー。
介護老人保健施設支援相談員、田無居宅介護支援事業所を経て、医療法人財団緑秀会田無病院　医療福祉連携部部長を務める。
2016年10月「西東京市在宅療養連携支援センターにしのわ」開設に伴い異動、センター長に就任。現職。
NPO法人東京都介護支援専門員研究協議会副理事長。
その他、厚生労働省ケアプラン点検支援マニュアル作成編集委員、東京都介護給付適正化部会委員、東京都ケアマネジメントの質の向上分科会委員、東京都介護支援専門員実務・専門・主任・主任更新研修等講師等。

著書

○医療から逃げない！ケアマネジャーのための医療連携Q&A入門（東京都福祉保健財団）
○仕事がはかどるケアマネ術シリーズ⑤知ってつながる！医療・多職種連携―ケーススタディで納得・安心―（第一法規）
○これで安心！ケアマネが教える［はじめての］親の入院・介護　あわてない、うろたえないための鉄則55（技術評論社）

共著

○スーパー総合医　地域医療連携・多職種連携「医療・介護・福祉との連携」（中山書店）

イラスト提供（一部）　**高岡　郁実**

医療から逃げない！
ケアマネジャーのための医療連携Q&A（応用）

2017年９月　第１版１刷発行

発行　公益財団法人 東京都福祉保健財団
〒163-0719 東京都新宿区西新宿２-７-１
小田急第一生命ビル19階
ＴＥＬ：03-3344-8632　ＦＡＸ：03-3344-8594
ＵＲＬ：http://www.fukushizaidan.jp
印刷・製本　大東印刷工業株式会社

ISBN978-4-902042-56-6